北京时尚产业发展
蓝皮书 2022

吴小杰　贾荣林　主编

THE BLUE BOOK OF
BEIJING FASHION INDUSTRY
DEVELOPMENT 2022

中国纺织出版社有限公司

图书在版编目（CIP）数据

北京时尚产业发展蓝皮书. 2022 / 吴小杰，贾荣林主编. -- 北京 : 中国纺织出版社有限公司，2022. 9
ISBN 978-7-5180-9795-1

Ⅰ. ①北… Ⅱ. ①吴… ②贾… Ⅲ. ①服装工业－产业发展－研究报告－北京－2022 Ⅳ. ①F426.86

中国版本图书馆 CIP 数据核字（2022）第 150670 号

责任编辑：余莉花　　　　特约编辑：朱昭霖
责任校对：王花妮　　　　责任印制：王艳丽

中国纺织出版社有限公司出版发行
地址：北京市朝阳区百子湾东里 A407 号楼　邮政编码：100124
销售电话：010—67004422　传真：010—87155801
http: //www.c–textilep.com
中国纺织出版社天猫旗舰店
官方微博 http: //weibo.com/2119887771
北京华联印刷有限公司印刷　各地新华书店经销
2022 年 9 月第 1 版第 1 次印刷
开本：787 × 1092　1/16　印张：10
字数：185 千字　定价：298.00 元

前言

《中华人民共和国国民经济和社会发展第十四个五年规划和2035年远景目标纲要》提出"以数字化转型整体驱动生产方式、生活方式和治理方式变革"，为新时代数字化转型指明了方向。在2022年各地政府工作报告中，"数字化"成为高频词，折射出全面数字化的时代大势。

与此同时，全球时尚产业也正面临着一场数字技术革命。数字技术与时尚产业的融合，既催生了新的时尚业态、延伸了时尚产业链条，又创造了新的消费需求、提升了时尚场景体验。数字时尚经济既是壮大数字经济的有机组成部分，也是促进时尚产业增长的重要动力引擎。

"十四五"时期，北京市着力打造全球数字经济标杆城市和国际消费中心城市，为推动数字技术与时尚产业的融合发展提供了重大机遇。北京积极推动时尚产业数字化发展，是落实党中央、国务院一系列新要求、新任务部署的具体实践，有助于增强数字经济与时尚产业在北京"四个中心""四个服务"发展过程中的地位和作用；有助于"五新"政策[1]持续实施，有效拉动内需、提振消费，畅通国内外经济循环；有助于促进城市更新和"三生"[2]融合，更好地展现现代化首都风貌和文化

[1] 2020年6月9日，北京市发布《关于加快培育壮大新业态新模式促进北京经济高质量发展的若干意见》，包括总体意见和5个具体行动方案，围绕把握新基建机遇、拓展新场景应用、挖掘新消费潜力、实施新开放举措、提升新服务效能5个方面分别提出相关政策措施，形成了"五新"政策体系。

[2] 三生指生产、生活、生态。

形象。

在此背景下，本报告在梳理2021年北京市时尚产业发展基本情况及重点细分行业发展态势的基础上，以“时尚产业数字化发展”为主题，从地区、行业、园区、企业、品牌等多个维度，研究谋划北京时尚产业数字化发展的方向和路径，以期为全市数字经济和时尚产业高质量发展提供实践经验和对策建议。

一、内容框架

本报告共分四篇。

第一篇为主报告，涵盖第一章，综述2020—2021年北京时尚产业发展的总体态势，系统回顾2020—2021年北京时尚产业及其重点领域的发展状况，并结合全市发展战略及行业发展趋势，对北京时尚产业的未来发展做出前瞻性展望。

第二篇为行业报告，涵盖第二章至第四章，对全市服装服饰产业、时尚设计服务业、时尚会展业三个重点行业开展专项研究，提出在北京打造全球数字经济标杆城市和国际消费中心城市背景下，三个重点行业数字化转型发展的基本思路、重点方向和主要路径。

第三篇为主题报告，涵盖第五章至第七章，围绕“时尚产业数字化发展”这一主题，重点研究国内外数字时尚发展经验与启示、北京市推动数字技术与时尚产业融合发展的对策以及朝阳区打造国际化数字时尚产业生态圈的路径，为北京市在市级、区级层面推进时尚产业数字化发展提供一定的国内外经验启示、案例借鉴和具体举措建议。

第四篇为案例研究报告，涵盖第八章至第十章，分别研究梳理了铜牛集团数字化转型发展、751产业园区数字化开发运营以及爱慕、京工1961等品牌数字化营销的具体措施。通过剖析典型案例，让读者更直观地了解北京市在推动时尚产业数字化发展上的有益探索及相关成效。

二、主要观点

（一）推进时尚产业数字化发展对北京城市发展新战略的实施有积极支撑作用

随着新一轮科技革命和产业变革的深入，以云计算、大数据、物联网、工业互联网、区块链、人工智能、虚拟现实和增强现实为代表的数字技术正从根本上改变时尚产业的生产方式、消费心理和供应链属性，时尚体系价值链、品牌营销模式都将被重构。因此，积极推动时尚产业数字化发展，加强数字时尚经济布局，对于促进数字经济、时尚经济融合发展，支撑北京建设全球数字经济标杆城市及国际消费中心城市具有重要意义。

（二）北京时尚产业数字化发展具备扎实的产业基础和明显的比较优势

北京作为全国政治中心、文化中心、国际交往中心、科技创新中心，在信息化、数字化发展过程中，一直担当着创新引领者的重要角色，数字经济发展水平名列全国前茅。截至2021年年底，全市数字经济增加值1.6万亿元，占地区生产总值（GDP）比重达40.4%；数字经济企业活跃度达到85%，位列全国第一；数字基础设施建设水平全国领先，全市5G基站累计开通5.64万个。与此同时，依托“设计之都”建设，以时尚设计、时尚消费、时尚传播、时尚会展、服装服饰等为主体的时尚产业体系逐步形成，并成为优化调整产业结构、促进消费升级和提升城市品质形象的重要抓手。北京各区也积极发展时尚经济，如作为北京时尚产业核心区的朝阳区取得了不俗的成绩。党的“十八大”以来，尤其是“十三五”以来，朝阳区充分发挥国际化资源汇聚、文创产业集群发展、时尚消费活跃、时尚教育资源丰富等优势，加强与中国纺织工业联合会、北京服装学院等机构和院校的战略合作，携手打造“时尚之城”，致力于建设北京数字经济核心区和国际消费中心城市主承载区。当前，部分时尚类企业已经在产品研发、创意设计、供应链管理、营销与传播等关键环节推广应用数字技术，北京时装周的“云上时装周”、数字技术支撑下的北京冬奥会开闭幕式、张家湾设计小镇的数字化改造升级、王府井、西单、国贸、三里屯等重点商圈的数字化建设试点、铜牛集团的3D数字工作室等代表性项目都取得了不俗的成效和良好的社会反响。

（三）北京可以从六个方面加快推进时尚产业数字化进程

综合借鉴美国、英国、新加坡和欧盟以及上海、深圳、广州、杭州等城市的成功经验，结合北京市实际情况，建议北京以数字技术创新为引擎，将数字时尚与新业态、新场景、新消费、新基建、新模式以及文化传承创新、城市更新等紧密结合，利用数字技术助推时尚产业高质量和可持续发展，打造北京时尚产业新名片，讲好北京城市发展新故事。

一是在创意设计、时尚智造、文化创意、时尚会展、时尚消费等领域提升数字技术渗透率，推动前沿数字技术的创新性运用，促进时尚文化的要素化生产、时尚创意的工业化转化、时尚消费的沉浸化重塑和时尚品牌的价值化引领，培育壮大数字时尚经济。

二是夯实数字基础设施支撑，建设一批数字化试衣间、沉浸式互动场景设施、虚拟试用装置，加大5G+4K/8K直播、AR虚拟试穿、VR虚拟购物等体验式消费场景应用，创新搭建“时尚+动漫影视”“时尚+文创”“时尚+工业”融合体验场景，重点在朝阳区、海淀区、西城区及2022年北京冬季奥运会场馆周边布局建设一批国际标杆时尚消费体验馆。

三是有效整合高等院校、科研机构、龙头企业、行业协会等资源，统筹打造数字时尚共性技术研发应用平台、数字时尚供应链协作平台、数字时尚知识产权服务平台等，加快完善数字时尚产业生态。

四是推动“数+产+城”加速融合，让时尚创意空间的功能嵌入城市更新，打造形成“数字+商业+文体+休闲”“数字+商务+展示”深度融合的时尚消费新地标；以张家湾小镇、798艺术区、751D·PARK北京时尚设计广场、郎园文化创意园等产业园区为载体，大力引进数字经济、创意设计、文化创意等领域的企业，促进存量产业空间活力复兴。

五是鼓励有条件的地区、行业、园区、企业、品牌开展各类时尚产业数字化试点。支持朝阳区打造国际化数字时尚产业生态圈，率先构建形成优势互补、相互成就的产业共同体，集群化发展、市场化运行、专业化服务的利益共同体，文化引领、时尚彰显、消费活跃、生态宜居的生活共同体以及创新驱动、平台赋能、商务协同的开放共同体，加快建成“时尚之城”，成为全市时尚产业数字化发展的标杆与样板。

六是在财税、人才、市场监管、知识产权等领域加大对时尚产业数字化发展的精准政策扶持。

本报告在编委会统一指导下编写，力求对北京时尚产业数字化发展提供多元化的观察视角、深入的分析论证和有一定战略性、前瞻性、针对性和可操作性的对策建议，并希冀对政府职能部门、市场主体、各类机构和广大读者提供一些有用的参考。

本报告在撰写过程中得到了北京服装学院、北京市朝阳区委员会、朝阳区人民政府、北京市委员会、北京市人民政府相关部门和中国纺织工业联合会的大力支持，尤其是从架构设计到成文、完善、定稿全过程得到了北京服装学院校领导的悉心指导，也得到了有关院系、兄弟单位、同行同仁的指导、支持与帮助，在此一并致谢！同时，由于时间仓促和资料所限，本报告定会存在诸多不足与缺陷，恳请各类机构和广大读者提出宝贵意见。

编者

2022年7月1日

目　录

第一篇

主报告

国际/港、澳、台出发
Int'l/HK, Macao, Taiwan Departures
TRANSAERO
Lufthansa
QATAR
THAI

第一章 2020—2021年北京市时尚产业发展综述与未来展望

时尚是一种复杂的社会现象，是人类群体性生活、从众心理、追求个性等诸多方面交叉叠加后的反映。时尚涉及人的衣食住行、风俗传统、行为方式、社会风气等方方面面，是人类文明在美学、心理学、社会学等多学科领域交叉融合的一种综合体现。随着人类文明的不断演化和全球经济的快速发展，时尚的内涵和外延得以拓展延伸，时尚与人类的生活更加密不可分，时尚的经济属性逐步凸显，成为引领消费和生产的新趋势，并发展形成引领潮流的时尚产业。当前，时尚产业已经成为都市产业的典型代表和城市生活产业的重要组成部分，成为体现城市魅力、活力、影响力和软实力的重要表征以及世界各国经济发展的一个重要分支领域。

一、北京时尚产业的内涵与分类

从全球时尚产业的发展来看，法国、意大利等西方发达国家的时尚产业发展起步早，形成了一批历史悠久的时尚品牌，在引领世界时尚潮流和方向上发挥着突出的作用。我国时尚产业起步较晚但发展迅速，已经成为一个富有潜力的新兴产业。但是，与发达国家相比，我国时尚产业在品牌、内容等方面差距还比较明显。

时尚产业的复杂性使得界定其内涵和外延非常困难。目前，国内外尚没有关于时尚产业的统一的定义，但已经形成了一些关于时尚产业的共性认识。笔者认为，时尚产业与人类的生活方式息息相关，是对时尚相关的产品制造、销售和服务进行商业化、市场化运作的产业集合，具有时代性、多层次、多样化的特征。与互联网产业相似，时尚产业已经与服装、化妆品、家纺、运动用品、家具、汽车、数码产品、媒体等各种产业融合发展，形成了“时尚+”的大时尚产业体系。

北京作为我国首都，交通便利、人口聚集，时尚需求大。经过多年的发展，形成了具有地域特色和独特文化气质的时尚产业体系，时尚已经融入经济社会发展的各个领域，与生态、文化、旅游、会展、建筑等方面的结合越来越密切。根据北京“四个中心”建设的新要求，全市“十四五”时期，经济社会发展的新任务为北京市时尚产业发展拟重点研究分析时尚消费、时尚智造、时尚传播、时尚文化和时尚休闲五个领域。

二、2020—2021年北京时尚产业发展回顾

当今世界经济发展正在经历百年未有之大变局，我国已步入全球化的时尚消费时代。时尚产业作为北京新兴产业的典型代表，发展势头良好，产业规模稳步提升，产业链、供应链布局持续优化，已成为产业转型升级的重要方向，在赋能全国文化中心、国际科技创新中心、国际消费中心城市建设方面的作用越来越突出，成为满足人民群众对美好生活向往的重要载体。北京市时尚产业在国内的领先地位进一步强化。

（一）时尚产业规模保持平稳

2020—2021年是北京市从“十三五”时期向“十四五”时期迈进的过渡衔接期。北京市时尚产业发展总体保持平稳有序，时尚产业研发、设计、制造、服务各环节统筹推进，逐步向高质量发展转变。

1.纺织服装产业规模保持平稳

百年变局叠加新冠肺炎疫情，使得全球经济发展前景更加不明朗。包括时尚产业在内的各行业、各领域发展都受到较大影响。根据北京市统计局数据，2020年北京市纺织服装和服饰业实现营业收入644.91亿元，拥有规模以上企业单位70个，规模以上工业生产总值达到69.2亿元（图1-1）；上市公司7家，老字号品牌和企业共23个。2016年以来，随着北京非首都功能疏解工作的深入推进，北京市纺织服装服饰制造、批发等传统行业逐步向河北、天津等地转移，行业总体规模处于稳步下降

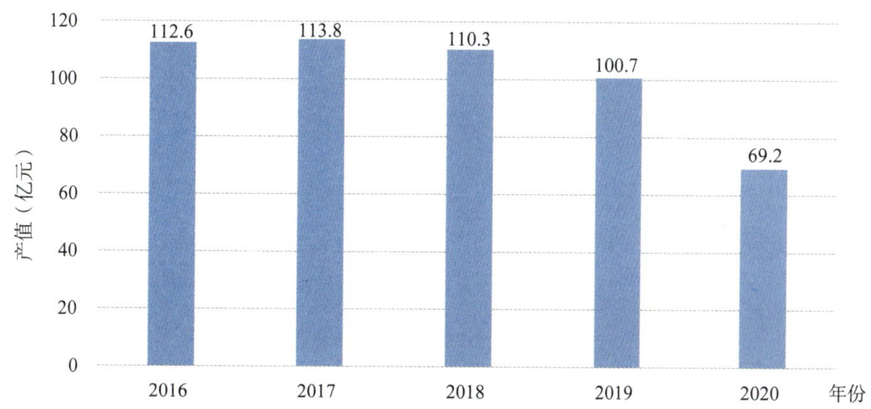

图1-1　2016—2020年北京市纺织服装和服饰业规模以上企业生产总值

数据来源：历年北京统计年鉴。

的态势，以时尚设计、品牌管理、市场营销和总部经济等为主导的结构特点更加明晰。与此同时，科技、文化等要素驱动的时尚产业新业态正在蓬勃发展，时尚产业的发展氛围不断浓厚，传统纺织服装、服饰业向现代时尚产业转变的需求进一步突出。在这一背景下，帐篷、睡袋等运动时尚类产品的制造快速增长，在新冠肺炎疫情防控常态化的背景下，口罩也成为年轻时尚群体穿戴的重要组成部分，各类防疫产品的色彩、图案也越来越丰富。

2. 时尚城市指数处于全球领先水平

根据2021年12月第七届中国（深圳）国际时装节发布的全球时尚城市指数，北京市连续四次在全球时尚城市榜单中稳居前十。该指数在全球范围内选择20个入围城市，涉及5大洲、15个国家和地区，深度搜集这些城市的年度数据，从产业素质、国际形象、时尚环境、公共服务、创新活力等多维度进行综合分析评价，基本涵盖和反映了全球范围不同区域的时尚产业发展情况。作为全球最具标志性的时尚奢侈品百货购物中心之一，北京SKP从成立之初就定位于高级奢华、时尚前卫，并且已经汇聚了 LOUIS VUITTON（路易•威登）、DIOR（迪奥）、GUCCI（古驰）、PRADA（普拉达）等众多国际名品旗舰店、精品店和概念店。根据联商网相关数据统计，2021年，北京SKP以近240亿的销售额成为全国销售额最高的购物中心，日均销售额约6600万元。

（二）时尚产业结构不断优化

2020—2021年，北京市统筹新冠肺炎疫情防控和经济社会发展成效继续显现，时尚产业加快向高附加值的环节延伸拓展，数字、科技与时尚产业加快融合赋能，时尚产业结构加快调整升级，逐步向知识密集、高附加值的方向发展，产业体系现代化水平稳步提升。

1. 数字时尚产业正在成为北京时尚产业的重要内容和组成部分

2021年，首届全球数字经济大会在京成功举办。同年8月，《北京市关于加快建设全球数字经济标杆城市的实施方案》印发，为促进数字技术与包括时尚产业在内的实体经济深度融合带来重要机遇。据统计，2021年北京市数字经济增加值达到1.6万亿，占全市生产总值（GDP）的比重超过40%。数字消费场景不断深化和拓展，2021年，北京市限额以上批发零售业、住宿餐饮业网上零售额占全市社会消费品零售总额的比重超过1/3，达到36.3%，远高于同期天津的26.2%、河北的22.0%[1]，在京津冀地区的领先优势明显。数字经济的蓬勃发展为北京时尚产业高质量发展提供了新的载体和模式。时尚产业链进一步延伸，加快向时尚文化、时尚设计、数字时

---

[1] 数据来自北京市统计局网站。

尚等新领域拓展。例如，新奥莱控股与独到科技战略合作，共同发布奥特莱斯新零售产业数字化跨境平台战略协议。

2.文化创意与时尚产业融合加快发展

时尚从本质上讲是文化的一种表现形式，时尚潮流文化是文化的一个细微分支，文化创意产业与时尚产业的交叉融合发展日益深化，为时尚产业发展在内容、底蕴、设计等方面的创新提供了重要支撑。北京市牢牢把握首都城市战略定位，按照全国文化中心“一核一城三带两区”总体框架，推动文化创意产业融合化、集约化、国际化发展。“十三五”期末，全市规模以上文化企业收入达到14209.3亿元，占全市文化企业总收入比重达到39.4%，较2016年的30.3%提高了9.1个百分点（图1–2）。根据北京市统计局网站的相关数据，2021年北京市规模以上文化产业实现营业收入17563.8亿元，利润总额1429.4亿元，分别同比增长17.5%和47.5%，吸纳从业人员64万人，同比增长4.8%。文化核心领域营业收入合计15848.3亿元，同比增长17.8%。其中，文化娱乐休闲服务和内容创作生产分别同比增长38.5%和30.8%。同时，线上文化消费场景不断涌现，“云视听”“云旅游”“云演艺”等以文化、体育、娱乐消费为导向的消费新模式、新业态加快发展壮大，正在成为人们新的消费热点。

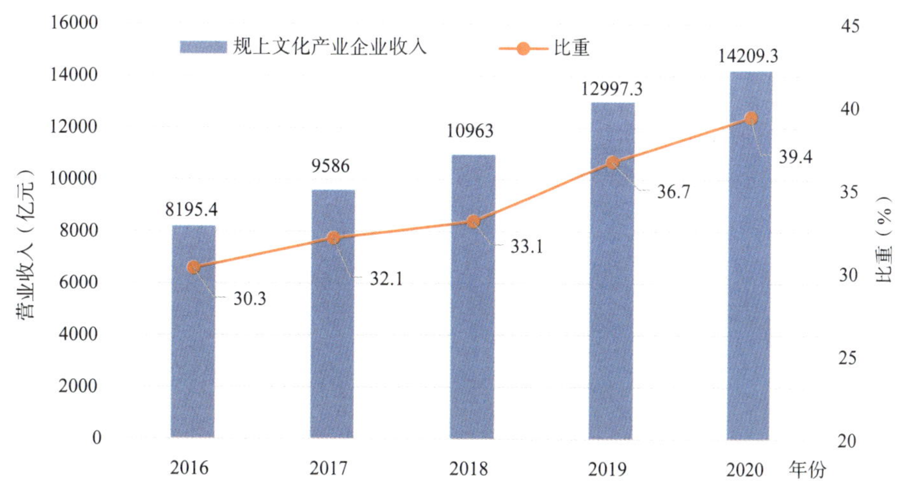

图1–2 历年规模以上文化产业企业收入及其在全市文化企业收入中占比

数据来源：《北京市2021年国民经济和社会发展统计公报》。

（三）时尚产业布局进一步明晰

1.时尚产业呈现出集聚发展态势

围绕国际消费中心城市建设，北京市积极推进时尚产业的发展升级和布局优化，截至2021年年底，北京已经形成了东有三里屯、正大中心、望京小街时尚国际商圈、张家湾设计小镇北京未来设计园区，西有首钢园、长安天街，南有丰台永乐文智园、京工时尚创新园、大兴雪莲时尚工坊，北有怀柔铜牛影视基地和光华视觉工业园，中有王府井、隆福文化中心、莱锦文化创意产业园等首都时尚文化新地标为代表的时尚产业发展格局，涉及时尚消费、影视IP、文化创意、时尚设计、教育培训等多个领域，带动时尚消费市场总体趋向活跃，进一步激发市场主体发展活力，推动时尚产品和服务供给质量稳步提升。

2. 传统商业载体加快转型创新

一些传统的商圈、纺织服装等时尚产品制造企业，积极对接北京建设国际消费中心城市的新要求，加快推动商业模式转型创新。例如，北京清河三羊毛纺集团旗下的清河毛纺城市场作为具有百年辉煌历史的国有企业，如何主动适应北京“四个中心”建设的新要求、顺应时代发展新趋势和消费需求新变化[1]，使企业焕发出新活力，成为企业发展面临的新课题。2020年10月，清河毛纺城市场正式更名为“毛纺时尚中心”，以聚集时尚个性化和打造新消费业态的星级店铺为抓手，扎实推进“一转、两减、三转变”为核心的市场转型提升工作，积极建设涵盖“时尚中心、政务服务、医疗卫生、休闲生活”四大功能的“毛纺城文创园”，加快建设清河地区时尚科技文化元素的聚集地，打造引领“京津冀”区域时尚面料、毛衫、服装服饰“发展方向”的新地标。部分时尚产品供应商牢牢抓住冬奥会契机，进一步扩大特许商品的生产、销售。

（四）时尚政策体系进一步健全

从国际时尚之都的建设发展经验来看，时尚产业的发展离不开政府政策的引导和支持。北京市围绕做大时尚产业规模、提升时尚产业国际影响力和美誉度，加快构建和完善时尚产业政策体系，出台了一系列相关政策措施，在财政、金融、市场主体等方面为时尚产业发展赋能，为北京打造国际时尚之都提供了有力的政策保障。2020年4月，《北京市推进全国文化中心建设中长期规划（2019年—2035年）》发布，将举办北京时装周纳入全市重大战略规划中，实现了为北京时尚产业高质量发展的又一次重要赋能。2020年9月，北京市出台了《关于鼓励发展商业品牌首店的若干措施（2.0版）》，进一步丰富了对商业品牌首店的支撑政策，激发了市场主体的积极性和主动性，提升了消费供给的能力。2021年7月，包括北京在内的5个城市成为我国首批培育建设的国际消费中心城市。2021年9月，“2021北京国际消费中心城市论坛”在首钢园举办，《北京培育建设国际消费中心城市实施方案》正

---

[1] 姚建平. 百年国企老店　开启时尚新篇　北京清河毛纺城转型时尚文创园区 [J]. 东方企业文化, 2021(04): 26-29.

式颁布，提出打造消费新地标、培育消费品牌矩阵、释放文旅消费潜力、扩容提质会展消费等十大专项行动，打造2至3个千亿规模的世界级商圈，加快培育新的经济增长点。该实施方案还明确提出：到2025年，北京市将率先建设成为彰显时尚的购物之城，引领创新生态的数字消费和新型消费标杆城市，“率先建成具有全球影响力、竞争力和美誉度的国际消费中心城市”。与此同时，得益于全市营商环境持续优化提升，时尚产业发展的政策环境也在不断改进。

三、北京时尚产业发展重点领域回顾

党的“十八大”以来，我国经济社会发展进入新常态。“十四五”时期是在立足首都城市战略定位、深化“四个中心”建设，实施人文北京、科技北京、绿色北京战略，加快高质量发展的关键时期。北京作为我国首都和全国四大直辖市之一，围绕建设全国政治中心、文化中心、国际交往中心和科技创新中心，以时尚产业为代表的高精尖产业加快建设和发展，形成了时尚消费、时尚智造、时尚文化、时尚传播、时尚体育休闲等重点领域。

（一）时尚消费领域

时尚消费是人们日常消费的一个重要组成部分，能够满足人民对物质、感官、精神等方面的综合需求，从而使消费者产生满足感和幸福感。北京市消费市场广阔，在全市积极推进国际消费中心城市建设的战略引领下，北京时尚消费呈现强劲的发展态势。

1.时尚消费市场潜力进一步提升

截至2021年年底，北京全市常住人口规模达到2188.6万人，在全国城市中排名第三，城镇化率达到87.5%。根据北京市统计局相关数据，2021年北京市居民人均可支配收入达到75002元，比2020年增长8.0%（图1-3），人均消费支出为43640元，比2020年增长12.2%。全市恩格尔系数为21.3%（图1-4），人口数量众多和较高的收入水平，使得北京本身就拥有庞大的时尚消费人群，时尚消费市场广阔。调研数据显示，北京一线奢侈品牌销售增长快，潮牌设计师及国潮品牌等受到越来越多年轻消费者的追捧。

2.商圈改造提升工作有条不紊推进

结合非首都功能疏解等战略任务，以文化创意、科技、数字为引领，以老旧园区（厂房）改造升级为抓手，为时尚产业发展打造新的平台和载体，也为北京时尚之都的建设提供了多功能的城市会客厅。商圈是国际消费中心城市的重要功能板块。按照市商务局统一部署，围绕时尚、科技、艺术、绿色、健康、安全等主题，

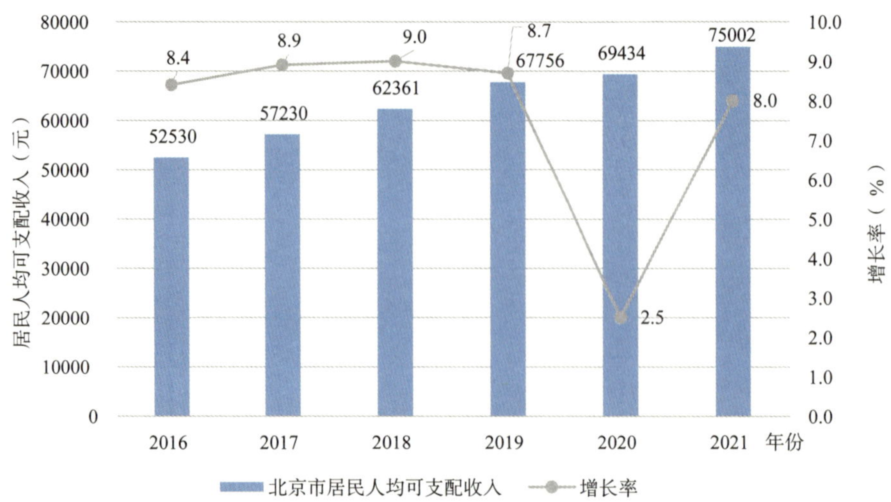

图 1-3　2016—2021 年北京市居民人均可支配收入以及增长速度

数据来源：《北京市 2021 年国民经济和社会发展统计公报》。

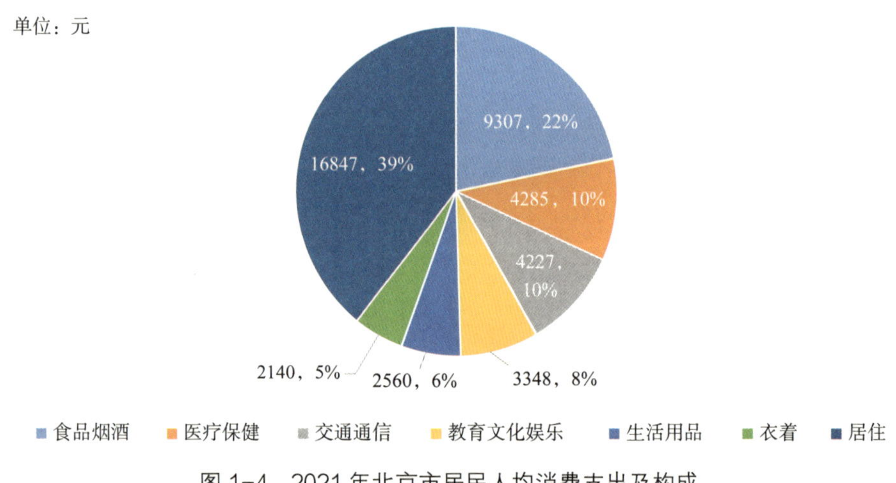

图 1-4　2021 年北京市居民人均消费支出及构成

数据来源：《北京市历年国民经济和社会发展统计公报》。

各大商圈加速提质升级，积极推进门店形象和功能提升、打造“科技+”综合体验场景、进一步丰富和完善业态，实现了系统的提质升级，成为科技、现代、时尚的商业综合体。截至2021年年底，北京市22个传统商圈改造升级基本完成，成效立竿见影。朝阳区国贸商城积极推进千亿商圈的建设；东城区王府井等传统零售商圈多措并举，以目标客户的诉求为导向，加快打造沉浸式、体验式零售新模式，积极引进乐高全球旗舰店、亚洲最大ZARA旗舰店等国际知名品牌，创建高品质零售新场景，新增品牌超过250个；海淀区公主坟商圈通过改造升级，2020年实现客流2100万人次，销售额32.02亿元；2021年在翠微百货（公主坟店）因改造闭店8个月的情况下，公主坟商圈的客流和销售额仍然达到1975.52万人次和30.80亿元。

3. 持续吸引国内外知名品牌首店首发经济布局

首店首发经济是指国内外零售企业在北京开设其在一定区域内的首家门店或旗舰店，这个区域可以是北京市、京津冀城市群、全国、亚洲、全球等不同的范围。首店首发经济是体现一个区域时尚经济活力和时尚产业发展水平的重要表征。2021年9月，在“2021北京国际消费中心城市论坛”上，由华熙国际（北京）文化商业运营管理有限公司与广州小鹏汽车科技有限公司等签约华熙LIVE·五棵松引进品牌首店及旗舰店、中粮·祥云小镇引进fudi会员商店（顺义首店）等多个首店首发经济类重点项目签约落地。2020—2021年，仅国贸商城就成功引入35家首店。截至2021年6月，共有434家首店（含旗舰店）落地北京，超出2020年全年首店入驻数量近250家，发展势头迅猛。从这些首店的类型和结构来看，包括全球首店2家，亚洲首店3家，中国（内地）首店32家，北京首店397家[1]。北京在我国首店首发经济发展领域的领先地位进一步巩固，全国时尚风向标和策源地的作用进一步强化，时尚零售新秩序正在加快形成。

（二）时尚智造领域

传统的时尚制造是一个范围很广的产业，包括服装鞋帽、箱包皮具、珠宝首饰、化妆品、消费类电子产品等诸多领域，是时尚产业的基础性组成部分。以服装服饰等为代表的时尚制造是北京时尚产业的重要传统优势板块。随着全球科技和产业革命的深入推进，时尚产业与大数据、云计算、机器人等新一代信息技术的融合进一步深化，加快向时尚智造领域延伸拓展。

1. 时尚制造企业加快智能化升级

随着非首都功能疏解工作的深入推进，以纺织服装为代表的传统时尚制造产业正在经历转型升级加速的关键阶段，北京市积极推动传统纺织服装产业技术创新、结构调整、产品优化，积极推进科技、数字赋能，在品牌运营、文化创意、科技服务、渠道升级等方面数字化转型升级，加快由时尚制造向时尚创造转型，推动传统纺织服装产业向品牌化、服务化升级，努力提升纺织服装产业的国际竞争优势，打造时尚产业的创意策源地和潮流引领区。

2. 数字技术助力行业模式创新升级

服务于国际时尚之都建设的战略需要，时尚制造企业注重把握数字技术革命的契机，以技术研发、设计、供应链打造等关键环节强化为抓手，积极推动产业数字化、智能化转型升级，一系列骨干企业都进行了积极探索。2020年9月，以专业互联网数据及其增值服务为特色的北京时尚控股旗下企业铜牛信息科技在创业板上

---

[1] 数据来自2021年9月28日北京商报。

市。该企业设立3D数字工作室，依托数字技术把制衣行业从原材料到成衣的全过程周期从77天缩短到33天，大大提高了效率，带来了行业发展模式的重要变革。

（三）时尚传播领域

时尚传播作为时尚的展示窗口，是时尚产业发展的重要媒介，是建立和维护消费群体的时尚兴趣度、时尚认可度、时尚忠诚度，引领时尚产业发展潮流和大众消费方向的重要手段，也是塑造和提升城市文化品牌的重要举措。

1.会展论坛等主流传播渠道进一步巩固和壮大

现代会展业能够有效实现人流、物流、资金流、信息流、技术流等各种要素在同一时空的汇集，2021年9月，2021北京时装周在北京城市副中心张家湾设计小镇北京未来设计园区、首钢园、三里屯、王府井等多个时尚地标联动举办。在为期12天的过程中，5G、VR等数字化新技术被广泛应用，线上线下举办时尚相关的各种活动近百场，并首次实现了与由商务部、北京市人民政府共同打造的2021年中国国际服务贸易交易会的高效联动，北京时尚产业研究院正式入驻城市副中心。截至2021年底，北京时装周已经连续举办了六届，在资源整合、品牌传播、贸易促进等方面发挥着越来越重要的作用，已经成为城市文化IP以及首都北京向世界传播、展示东方时尚文化的窗口和平台。“2021北京时尚高峰论坛”在北京城市副中心张家湾设计小镇举行，来自国家发展和改革委员会对外经济研究所、中央党校、中国纺织工业联合会、清华大学、中央美术学院、中国传媒大学等权威机构的专家，围绕“首都时尚产业新‘北京模式’，赋能城市更新发展”的主题，从经济、文化、产业、品牌、艺术、设计等多种维度展开了热烈的研讨。雪莲集团自“十三五”以来，连续举办年度“雪莲杯”羊绒手编大赛，已成为我国纺织服装行业内首个、也是唯一的以羊绒材质为本底融合创意创新的专业赛事，影响力稳步提升，在时尚品牌培育方面成效显著，尤其是在自主品牌的建设方面形成了独特的竞争优势。北京时尚传媒集团以及精品购物等传媒企业，已成为北京时尚传媒体系的骨干力量，在推动时尚产业发展和引领时尚消费方面发挥了积极的作用。

2.数字媒介时尚品牌建设成效显著

北京市结合当前国内外传媒行业发展的新趋势和时尚产业发展的新要求，积极推进优势媒体资源的整合，加快构建新时代全媒体传播新格局。围绕提升品牌影响力、传播力，越来越多的时尚消费类产品和服务供给主体，设立“抖音”“快手”“微视”等直播间工作室，举办时尚快闪、直播带货、创意市集等系列活动，营造出多元化、多层次数字化消费场景，搭建时尚交流交易服务新平台，为时尚产业的发展、时尚品牌的价值提升和影响力传播提供了全新的媒介平台，在推动时尚产业科技创新、绿色发展、文化传承、品牌宣传、国际合作等方面发挥着越来越重要的作用。例如，爱慕通过打造直面消费者的各类App和小程序等线上渠道，积极推进零售场景化、数字化、社交化，全面提升消费体验的便捷性。

3. 文化“走出去”工作扎实推进

围绕全国文化中心、国际交往中心的建设，立足文化自信，顺应文化交流全球化趋势，北京市积极推进相关工作，取得了显著的成效。文化产品国际贸易稳步发展，为文化“走出去”形成积极的推动和助力。2020年，北京市实现文化产品进出口总额37亿美元，同比增长6.9%；全市个人、文化和娱乐服务进出口23.7亿美元，同比下降5.8%，其中出口6.8亿美元，同比增长24.7%。以字节跳动、完美世界等为代表的网络视听、网络游戏等企业“走出去”竞争力日趋增强。北京对外文化贸易协会等社会团体积极推进文化交流和贸易合作，服务推动中国传统文化“走出去”迈上新台阶。

（四）时尚文化领域

文化是一个城市的灵魂和内涵，时尚则是文化积淀的外化和展示。时尚产业只有注入文化的灵魂，才能形成厚度、拓展深度、形成不可复制性，才能在世界时尚市场中形成持久的竞争力和生命力。首都北京历史底蕴深厚，拥有得天独厚、博大精深、高度富集的文化资源。北京以全国文化中心建设为统领，聚焦传统文化的传承创新和新文化的培育发展，文化产业蓬勃发展。根据中国人民大学文化产业研究院发布的中国省市文化产业发展综合指数，北京已经连续六年保持全国第一。

1. 时尚文化消费的需求越来越迫切

消费者在购买服装、化妆品、箱包、手机、美食、健身、旅游等时尚产品和服务时，除了考虑产品和服务的外观、功能外，品牌知名度和影响力也是重要的选择依据。国际知名的经典时尚品牌都有独特的时尚文化，时尚品牌则是时尚文化的符号化表达，构成时尚产业的文化标签。时尚企业更加注重融入爱情、亲情、历史、习俗等人文元素，丰富了时尚品牌的内涵，强化了时尚企业的品牌忠诚度。以大栅栏、琉璃厂、什刹海等为代表的购物街区成为北京传统时尚文化的京味“时尚地标”。近年来，汉服等新国潮风格受到新生代青年的追捧，时尚潮流文化加快更迭。2020年，全市规模以上文化产业企业实现营业收入14944亿元，实现利润1324.4亿元，企业单位数量达到5119个（图1–5）；依据北京市国有文化资产管理中心与中国传媒大学文化产业管理学院联合发布的《北京文化产业发展白皮书（2021）》，全市规模以上“文化+互联网”企业实现营业收入8952.1亿元，占全市规模以上文化企业营业收入的59.9%；全市规模以上文化企业中新业态特征较为明显的16个行业小类实现营收9160.1亿元，占比达到61.3%。

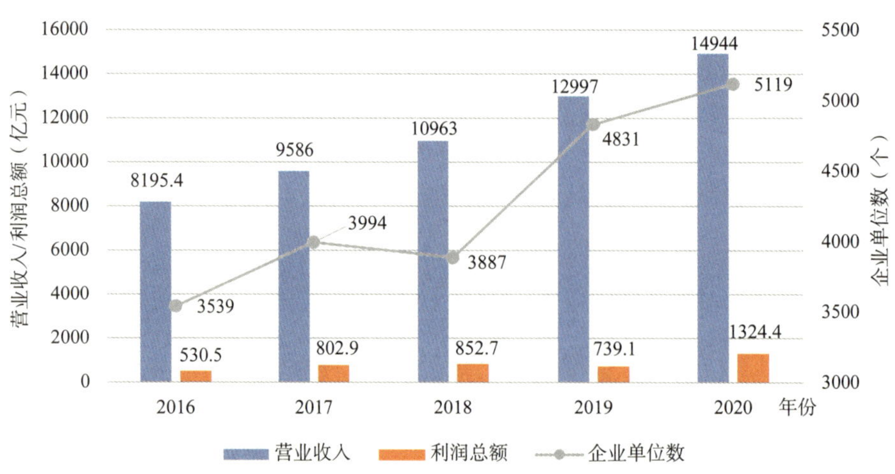

图 1-5　2016—2020 年北京市规模以上文化产业企业经营情况

数据来源：北京市统计局。

2. 时尚设计产业与文化加速融合

设计以科技、文化、创意等关键要素为主体，是时尚产业的技术内核，通常发挥着引领和创造时尚的重要作用。时尚产业本身就是一种设计与创意的传达和呈现。作为联合国教科文组织认定的“设计之都”，北京设计服务业的发展在全国的优势地位突出。北京具有丰富的高等教育和科技资源，既有北京大学、清华大学等世界一流的综合性大学，还聚集了中国传媒大学、中央戏剧学院、中央美术学院、北京电影学院、北京服装学院等优秀的专业性大学，以及中国纺织工业联合会、中国设计师协会等时尚行业相关的国家级行业机构，时尚教育、科研、人力资源非常丰富。北京市高度重视首都时尚要素与设计优势的结合，加大文化基因、元素和符号的挖掘力度，北京国际设计周、北京国际文化创意产业博览会等活动实现常态化举行，在汇集国际顶尖的设计机构、设计大师、设计新锐方面取得了显著成效，也催生了丰富多样的时尚新业态。北京市经济和信息化局等政府部门有序推进北京高精尖产业设计中心的认定工作。2021 年，新增北京上品极致产品设计有限公司、云丁网络技术（北京）有限公司等 7 家企业为高精尖产业设计中心，依文服饰股份有限公司、北京中科博联科技集团有限公司等 20 家企业通过复核。

3. 时尚文化企业主体加快发展壮大

根据《北京文化产业发展白皮书（2021）》相关数据，截至 2020 年年底，北京上市文化企业、新三板挂牌文化企业均占全国的三成及以上，文化领域独角兽企业占全国的 50% 左右，2020 年新增文化类上市企业 14 家，开创了近 20 年来北京新增上市文化企业数量的新高度，数字文娱类独角兽企业数量占全国的比重接近 60%。行业兼并重组有序推进，首都纺织行业旗帜——北京时尚控股有限责任公司（简称

“时尚控股”）与作为全国工艺美术行业龙头的北京工美集团有限责任公司（简称“工美集团”）完成重组，产业组织结构逐步优化。

（五）时尚休闲领域

时尚休闲是时尚产业的重要组成部分，是时尚消费、时尚智造、时尚文化、时尚传播等多种功能的有机组合。随着北京国际消费中心城市建设的深入推进，北京市在体育赛事与休闲发展、时尚街区建设等方面进行了积极的探索，人民对时尚休闲的需求进一步提升，大众参与度不断提高、时尚休闲覆盖面不断扩展。

1.体育赛事与休闲迅速发展

北京市高度重视体育事业发展，适应常态化新冠肺炎疫情防控要求，统筹做好群众体育、竞技体育、体育产业、体育文化等各项工作。2020年8月，北京工人体育场启动保护性改造复建，将改造成为具有国际一流水准的专业足球场，并计划于2022年12月交付使用。10月，2023年亚足联亚洲杯中国组委会在北京成立，标志着相关筹办工作进入新阶段。作为世界上首个“双奥之城”，2022年北京冬季奥运会筹办工作有序推进。截至2021年年底，北京冬季奥运会的12个竞赛场馆全面完工。北京、延庆、张家口三个冬奥村以及位于国家会议中心二期的主媒体中心相继交付使用。五棵松冰上运动中心成为全球最大的超低能耗体育建筑，赛后将用于承办国内外顶级冰上运动赛事，成为北京冰雪文化的新地标。2021年，全市体育类规模以上企业达到143家，营业收入达到75.8亿元。

2.时尚街区建设亮点纷呈

随着北京时尚产业的发展壮大，时尚商圈通过环境改造、业态升级、功能提升，已经成为北京市民休闲放松的重要场所之一。2021年10月，北京市文化和旅游局发布了首批共12个市级旅游休闲街区。这些休闲街区，有的是融合观光、消费、体验等功能的文化类、历史类时尚街区，如历史文化浓郁的前门大街、八达岭长城等；有的是现代气息浓郁、多元功能汇集的都市休闲街区，如城市综合体型的房山长阳奥莱旅游休闲街区；有的是红色工业遗存与现代文化创意融合的工业旅游、休闲类时尚街区，如二七厂1897科创城；有的是农村产业融合类时尚街区，如集现代农业、休闲旅游、温泉养生、科普教育等功能于一体的南宫旅游休闲街区，更好地满足了时尚消费者的多元化、动态化需求。

同时，北京市时尚产业发展也存在一些问题和不足。一是品牌国际化和知名度有待进一步提高，无论是与巴黎、伦敦、米兰、东京等国际时尚之都相比，还是与上海等国内城市比较，北京市时尚品牌的全球知名度、国际化渠道、营销能力还有比较大的差距；二是北京的设计产业发展水平有待进一步提升。北京在设计领域尤其是原创设计领域与国际一流水平还有一定差距，与北京元素、风格、气质的结合还不够紧密。这与北京丰富的时尚类科教资源、人才等不相匹配；三是产业链、供应链的关键环节还有待进一步强化。面对时尚产业发展的新趋势、新要求，北京市时尚产业在科技、工艺等关键环节还相对比较薄弱，时尚产业适应市场、创造市场、引领市场的能力亟待提升。

四、北京时尚产业的未来形势与展望

（一）时尚产业国际化将达到新高度

1. 时尚流行的全球化趋势越来越明显

顺应全球化特点，2021年7月，北京锚定“国际”方向，采取系列重大战略举措，全面启动国际消费中心城市建设。国际消费中心城市的建设成为进一步提升北京消费的国际水准和全球竞争力的重大战略选择。“十四五”时期是北京建设国际消费中心城市的关键期和攻坚期，时尚产业的发展壮大成为首都国际时尚消费中心城市建设的重要抓手和支撑，提升时尚消费水平和能级是建设国际消费中心城市的内在要求和重要内容。

2. 国际消费中心城市的建设将为时尚产业发展带来广阔空间

经济发展水平是时尚产业发展的基础支撑。我国超大的市场规模优势和工业门类、产业链完整的优势，为时尚产业的发展提供了有力的支撑。随着北京经济社会的发展和居民收入水平的提高，人们对美好生活有着越来越多地期盼，人们的消费意识不断升级，消费能力不断增强，时尚消费的市场规模将进一步扩大。同时，消费结构日趋合理，追求具有新颖独特、低碳绿色等特征的时尚消费品的需求日益突出，时尚消费已经逐步成为一种大众化、普遍性的需求，时尚已成为人们日常生活中的一种行为特征。随着国际消费中心城市建设的不断深化，北京市消费需求品质迅速提升、新生时尚力量迅猛崛起，时尚商圈等时尚产业载体和场景的建设加快推进，北京时尚消费产品和服务的结构进一步提档升级，时尚产业引领消费潮流和趋势的作用进一步提升，时尚消费市场的规模进一步扩大。

3. 积极融入全球时尚产业链、价值链、供应链

进一步做优做强时尚产业，培育时尚消费新热点，成为优化城市功能和满足人民群众对美好生活向往的战略举措。要把握全球时尚产业发展规律和态势，以需求牵引为根本，立足首都，辐射全国，加快引进国际高端创意设计资源，积极提升时尚要素、资源的集聚能力；延伸完善时尚产业支撑体系，引进、培育若干具有国际影响力的时尚产业领军企业；加大国际品牌的引进，创建一批世界级品牌，培育“时尚+”新业态；加快时尚媒体发展，一方面要扩大现有时尚媒体的影响力，另一方面要加快引进国内外顶尖时尚媒体机构，吸引更多的国际一流的时尚活动落户

北京，提升现有的时尚活动的国际知名度和影响力；增加优质国际品牌商品供给能力，不断提高国际消费的集聚能力和引领性。

（二）时尚与科技的融合进一步深化

新颖独特是时尚追求的重要特质之一，而科技赋能则是时尚产业保持新颖独特的一个重要支撑。当前，全球新一轮科技和产业革命正在加速推进，科技与时尚产业的融合发展进一步加快，科技创新在推动和促进时尚产业发展方面的作用越来越突出，时尚的科技化成为时尚产业发展的一个重要方向。科技创新将进一步丰富、拓展和深化时尚的范围和形式，为时尚产品和服务创造了更多的品类、款式、形态和场景。

1. 科技赋能时尚产业加快创新发展

科技创新中心是北京“四个中心”之一，得益于科技的进步和技术的产业化，北京积极推进“高精尖”产业结构的构建，科技赋能时尚产业发展的效果越来越凸显，具有北京特色的时尚产业创新体系逐步形成。在科技和产业革命的助力下，时尚产品生产和服务供给越来越多地应用人工智能、机器人等技术手段，在工作、居家、休闲、社交等诸多场景，为消费者提供更加个性化、差异化、便捷化的体验。时尚产品和服务消费流行的持续时间不断缩短，尤其是电子产品等科技消费品更新换代的速度越来越快，与时尚元素结合的要求越来越高。智能穿戴设备等时尚产品和服务新业态、新模式不断涌现。一些商家为了保持时尚产品的市场竞争优势，将加快更新换代频率作为重要的竞争策略，更是加剧了这种趋势。

2. 全面提升时尚产业自主创新能力

进一步强化创新的第一动力作用，发挥北京科技创新资源、人才、资本等要素富集的优势，加快布局纺织行业等国家重点实验室、国家级创新平台，培育一批时尚产业新型研发机构，积极推进绿色制造、智能制造等关键共性技术及装备的研发与应用，进一步完善“产学研”合作体系，推动创新链、产业链精准对接，提升时尚产业发展的科技驱动力，提升时尚产业自主创新能力。以市场需求为导向，加大新材料、新工艺、新技术、新装备的开发和运用，加快培育聚集孵化一批高科技含量、高附加值的时尚精品品牌商户，积极培育时尚新主体、孕育时尚新力量，提升捕捉时尚潮流、满足中高端时尚特色消费市场需要的能力，推动时尚产业迭代更新速度进一步加快。

（三）数字经济与时尚产业融合加快推进

1. 数字时尚日益成为一种新的消费和生活方式

数字化时代正在推动人类的生产生活方式发生系统性的变革，为时尚产业的创新发展提供了全新的视角和技术支撑，也催生了时尚产业的数字化转型。新冠肺炎疫情的持续影响使得数字经济有了更大的需求和更广阔的应用场景，一些时尚类企业利用虚拟现实（VR）、增强现实（AR）等数字技术积极推进门店的数字化改造，增强了消费者的体验性，快速消费、即时消费、高频消费等成为时尚消费的新特点。

2. 北京建设全球数字经济标杆城市为时尚产业数字化带来重要契机

未来，北京建设全球数字经济标杆城市工作将进一步深化，数字经济将迎来更加广阔的发展契机，5G、大数据、云计算、人工智能、工业互联网等新兴技术将会更加深入地与包括时尚产业在内的各种产业进一步融合，推动北京市时尚产业在生产方式、科技研发、商业运营、消费方式等方面发生新的变化，数字技术与时尚产业的深度融合将会为时尚产品和服务的生产、营销提供更加精准化的数据支持，有利于降低时尚企业的市场营销、渠道成本，也有利于更加精准地迎合时尚趋势，从而更好地满足时尚消费者的需求。Charles W.King 提出，时尚消费市场中占据主导的目标群体是“时尚革新者”和“时尚概念的领导者”。根据北京师范大学课题组发布的《2021 新青年时尚消费趋势发展报告》，追求时尚元素成为新青年消费的新特征，线上购物成为新青年群体时尚消费的主要渠道。其中，21% 的新青年每天都要进行线上购物；近六成的新青年时尚消费者认为，时尚的外观设计是促使其进行消费的重要因素。

3. 加快构建数字化时尚产业运营体系

要牢牢把握数字经济发展的契机，结合新基建等关键要素，积极发展时尚智造新模式，打造数字街区、数字秀场、数字直播等一批数字化的时尚消费场景，鼓励时尚产品和服务供给者创建一批集展示、发布、交易等功能于一体的线上时尚商品专区，加快培育“云展厅”等数字服务模式，逐步实现数字和实体零售有机融合。加快培育一批数字化时尚类企业主体，孵化一批具有地域文化特色的数字时尚品牌，加快构建数字化的时尚产业运营体系，为时尚产业发展提供更加精准化的产品和服务，全面提升时尚产业的市场竞争力。

（四）时尚与文化创意的融合发展更加深入

随着国际化的纵深推进，全球文化的交流日益深化，在各种文化交流碰撞的驱动下，文化与时尚的融合进一步深化，文化赋予时尚产业更多的内涵和韵味，时尚产业为文化的延伸、呈现、传播提供了更加丰富、多元的载体。消费者的时尚需求层级的演化、时尚产品和服务分工的日益细化，时尚产业的多元化、包容化、随性化、自由化的特点日益显现。尤其是美容、美发等时尚产品的个性化定制特征越来越突出，越来越多的具有创新引领和品牌吸引力的消费新业态涌现出来。北京是我国传统文化富集的历史文化名城，在国家文化自信战略的指引下，北京市积极推进全国文化中心建设，“国风”“非遗”等传统文化、地域特色乡土文化与时尚产业的融合越来越深入，从服饰鞋帽、美妆、珠宝首饰到家具家电、文具、电子消费品等各个领域，无不显现着中华优秀传统文化的魅力。文化引领成为推动时尚产业品质提升的重要举措。以满足个性定制类需求的业务为重点，培育打造集时尚沙龙、时尚设计、高级定制、便民服务、信息服务等多元功能于一体的多业态时尚产品和服务综合店，多元化的特征日益突出，产品和服务供给越来越丰富。

北京时尚产业发展要坚持文化引领，进一步挖掘好、利用好、发挥好这些独特的历史文化资源，培育符合北京发展实际的时尚文化气质。依托北京人才资源汇集优势，优化时尚文化载体建设，建立健全新时代时尚文化体系。充分依托北京设计类高校院所富集的优势，积极做大做强设计类教育产业，推动创意设计产业核心竞争力全面提升，为加快打造世界级产业集群提供动力源。加大时尚品牌和新业态培育力度，打造国际一流的全球新品首发地，提升故宫—王府井—隆福寺“文化金三角”的综合服务功能，进一步加强时尚文化设施布局，搭建一批“时尚+动漫影视”“时尚+文创”“时尚+展示”类融合体验场景。借力2022年北京冬季奥运会的品牌影响力，进一步做大做强“体育+时尚”产业，积极倡导绿色、健康、简约的时尚消费新理念，引导市民构建生活时尚化、时尚生活化的氛围。进一步深化时尚产业知识产权领域的改革，加快完善时尚产业知识产权相关的法律法规，进一步完善时尚产业的相关政策，严厉打击时尚产业领域涉及品牌、商标权、专利权、著作权等方面的侵权行为。

（五）绿色低碳成为时尚产业发展的新方向

2021年1月，在世界经济论坛“达沃斯议程”对话会中，中国明确提出将力争于2030年前二氧化碳排放达到峰值、2060年前实现碳中和。2021年12月，在中央经济工作会议上，也进一步强调推进碳达峰、碳中和的重大战略决策。绿色低碳也成为时尚产品、服务生产和消费的重要特征。越来越多的时尚企业开始承担绿色可持续发展的社会责任，把原材料的绿色化、可循环作为生产和服务的基本要求，积极开发生态、绿色、可降解的时尚产品；越来越多的时尚消费者更加尊重自然，把绿色、健康、天然作为选择产品和服务消费的重要前提并注重资源节约、环境友好。

（陈文晖　北京服装学院时尚研究院
刘传岩　中咨海外咨询有限公司）

参考文献

[1] 李采姣 . 我国时尚产业文化内涵提升研究 [J]. 城市学刊，2018，39（6）：84–88.

[2] 汪明峰，孙莹 . 全球化与中国时尚消费城市的兴起 [J]. 地理研究，2013，32（12）：2334–2345.

[3] 吴立，顾伟达，贠天祥 . 首都时尚产业赋能城市更新发展 [J]. 人民论坛，2021（30）：86–89.

[4] 洪涛，郄红梅 . 新时代消费升级的中国时尚消费 [J]. 消费经济，2018，34（2）：28–36.

[5] 颜莉，高长春 . 时尚产业国内外研究述评与展望 [J]. 经济问题探索，2011（8）：54–59.

[6] 张亚琦 . 北京时尚产业发展路径研究 [D]. 首都经济贸易大学，2018.

[7] 上海市人民政府发展研究中心课题组 . 上海时尚产业政策研究 [J]. 科学发展，2009，（10）：87–95.

[8] 中国社会科学院财经战略研究院 . 休闲绿皮书：2019 ~ 2020 年中国休闲发展报告 [M]. 北京：社会科学文献出版社，2020.

[9] 赵春华 . 时尚传播 [M]. 北京：中国纺织出版社，2014.

[10] 杨道圣 . 时尚的历程 [M]. 北京：北京大学出版社，2013.

[11] 迈克尔 · R. 所罗门 . 消费心理学：无所不在的时尚 [M]. 王广新，等译 . 北京：中国人民大学出版社，2014.

第二篇

行业报告

第二章　北京服装服饰产业发展研究

作为世界文明古国，我国的服饰文化源远流长。孔子云：“移风易俗，莫善于乐。安上治民，莫善于礼。”在几千年的礼乐文明中，衣冠服饰是中华文明的主要载体之一，是最具表现力的一类物事。北京是我国的首都，是世界著名的历史文化名城，服装服饰文化在北京有着浓墨重彩的传承和发展。

北京的服装服饰产业从手工作业时期，到步入近现代化，再到成为体系健全、规模庞大的现代工业，历经了世界科技与产业、中国社会发展的蝶变与进步。现今的北京服装服饰产业，已经达到了较高的发展程度，在全国服装服饰产业中发挥着引领、支撑的重大作用。北京是我国时尚文化的主要策源地之一，是我国服装服饰产业对外合作、交流的重要基地。

当前，我国正在向纺织强国的目标迈进，服装服饰产业正在积极调整产业结构、转化发展动能、提升发展层次，向高质量发展方向不断迈进。北京作为我国首都，要牢牢把握首都城市战略定位，大力加强“四个中心”功能建设。服装服饰产业作为“国民经济与社会发展的支柱产业、解决民生与美化生活的基础产业、国际合作与融合发展的优势产业”，肩负着融合好产业与城市发展的历史重任。展望未来，北京服装服饰产业应立足于北京的城市定位，综合利用好北京各方面的资源条件，加快产业结构调整步伐，大力发展民族、时尚、科创文化，为全国服装服饰产业的优化升级做好表率，为北京进一步成为国际一流的时尚大都市贡献力量。

一、北京服装服饰产业的发展历程

（一）近现代之前的手工业时期

在近现代之前，北京一直是我国历代王朝的重要城市，尤其在元、明、清三朝，北京演绎了六百多年的皇城发展史。“九天阊阖开宫殿，万国衣冠拜冕旒”，当时的北京服装服饰文化是中华文化圈的典范，在同时期世界各地的产业中具有超群出众的发展地位和水平。在此时期，北京服装服饰业发展的集中表现，是建立了为宫廷服务的官办京内染织局，为官僚贵族阶级服务的手工染绸作坊，以及为一般市民服务的“布缸”。清康熙初年的京内染织局曾一度达到800多人，具有相当大的规模和较高的生产水平。最早的手工染绸作坊是清顺治年间成立的天聚染坊，该号后来还陆续分出大顺、大有、大成等众多分号。进入19世纪后，具有一定规模的手工织布厂在北京相继出现，最早的是官办工艺局和首善工厂，以及商办的宝华、福华、立华等织布厂。这些织布厂规模很大，拥有50台左右织机，而一般的织布厂只有10多台人力木机。

（二）近现代的工业化初始时期

进入近现代后，西方先进工业的影响逐渐深入中华大地，北京的服装服饰产业也开始步入工业化发展时期。1907年，清朝陆军部奏准创办官商合营的溥利呢革公司（清河制呢厂前身），共投资60万两白银，拥有走锭纺纱机4800锭，织机58台，工人300多名，机器设备全部从英国进口。该公司从1908年开始修建厂房，到1909年4月投产，标志着北京近代纺织工业的开端。北京最早使用动力机器的针织厂是1911年开设的华兴织衣公司，有针织机3台以及缝纫机、袜机等设备，春夏主织棉织品，秋冬主织毛织品。1932—1935年，德立、裕华、经纬等织布厂增加了电力机，慈华、明华、华盛等针织厂增加了100多台大提花机，袜厂也开始使用电力机。晚清至中华人民共和国成立，是我国民族资本主义的发展时期，北京纺织服装产业在此期间，不断引进国外的先进机器设备，开办了数量越来越多、规模越来越大的纱厂、织布厂、印染厂，为我国纺织服装产业实现工业化、现代化进行了良好的探索，奠定了一定的发展基础。

（三）建立现代工业体系时期（中华人民共和国成立—改革开放）

中华人民共和国成立后，我国开始加快建立现代化工业体系，从国家层面大规模发展纺织工业，着力解决全国人民的穿衣问题。北京的纺织业开启了工业化初级阶段的序幕，并逐步建成了以棉纺、毛纺、化纤、针织为主的门类比较齐全的纺织产业核心基地。清河毛纺厂、北京毛纺织厂、北京羊绒衫厂、北京印染厂、北京毛巾厂、北京维尼纶厂等都是在20世纪50~60年代建设发展起来的。到20世纪70年代末，北京已形成了包括毛纺织、棉纺织、毛针织、棉针织、印染、化纤、丝绸、服装、鞋帽以及纺织机械等门类比较齐全、基础比较雄厚的纺织工业体系，在供应首都市场、解决人民穿衣、提供财政积累、吸纳劳动力就业、出口创汇等方面作出了重大贡献。

（四）服装服饰成为纺织产业主导时期（改革开放—2000年）

1978年改革开放之后，我国民营经济开始蓬勃发展，民营服装工厂呈现出如雨后春笋般发展的状态。现今的一些大品牌，如雅戈尔、杉杉、七匹狼等正是在这个时候开启了企业发展史。与此同时，全国的纺织服装专业市场也开始形成，如武汉的汉正街、沈阳的五爱市场、桐乡濮院的毛衫市场等。另外，我国于1983年12月1日宣布不再使用布票，在全国层面上实现了满足人民群众纺织品基本需求的目标。我国纺织服装产品此后获得了大幅增长，2000年，我国纺织品出口额达到161.4亿美元，占全球比重的10.2%，排在世界第一。

北京纺织服装产业在20世纪80年代仍以纺纱、织布等上游环节为主导，企业大力推进技术改造和技术引进，国有经济活力增加，非国有经济成分比例逐渐增加，在生产规模扩大的同时，技术装备水平和生产水平不断提高，在全国同行业处于领先地位。进入90年代后，北京纺织服装产业已转变为以服装制造为主导，纺织类企业大量减少，服装加工企业不断增加，服装批发市场开始兴旺起来，服装外贸额不断提高，初步构筑起以服装、面料、家纺用品和产业用纺织品为支撑的都市纺织产业新格局，由重点发展制造业转向制造业、服务业一体化发展。

（五）高速发展时期（2000年—2014年）

2000年之后，我国纺织服装产业进入了前所未有的高增长时期，产业的总规模、总产量、总出口量都已位居世界前列，其中，棉纺、毛纺、丝绸、化纤类服装等产量均居世界之首。产业综合能力不断增强，基本形成了上、中、下游相衔接、门类齐全、行业配套完整、多种纺织原料基本满足的较为完整的产业体系。在此期间，北京服装服饰产业的生产能力持续扩大，消费者对服装的文化内涵、品位、风格等方面有了更丰富的追求，促使北京服装纺织企业改变原先以生产为导向的经营方式，加强品牌运作和提升产品附加值成为北京服装服饰产业结构调整的主线。

（六）转型升级时期（2014年—至今）

2014年7月，北京市发布《北京市新增产业的禁止和限制目录（2014年版）》，目录中包括全市禁止或限制的行业，其中包括纺织等一般制造业。2015年发布的《北京市新增产业的禁止和限制目录（2015年版）》对2014年版进行了修订，并提出了更严格的要求。北京市服装纺织企业逐渐把生产制造环节疏解到京外发展，以大红门服装批发市场、雅宝路服装批发市场、动物园批发市场等为代表的服装批发市场也纷纷被疏解到河北、天津等地区。在政策的引导之下，北京服装服饰产业经历了结构快速调整、产品产量大幅降低的时期。据北京服装纺织行业协会的数据显示，2015年，北京纺织行业规模以上企业主要产品产量全部出现大幅下降，毛线、呢绒等服装原材料产量同比下降50%以上；服装行业规模以上企业服装产量为7647万件，同比下降12.4%，其中针织服装同比下降20.5%，羽绒服装同比下降达32.12%。通过近几年的优化调整，北京服装服饰产业形成了以时尚设计、品牌管理和市场营销为主导的产业结构，同时重点发展科研、教育、会展、商务服务等配套产业，更加符合首都城市战略新定位“高、精、尖”的产业要求。

二、北京服装服饰产业的发展现状

（一）产业规模

2021年，北京市纺织服装、服饰业营业收入累计值为682.21亿元，利润累计值为20.06亿元，利润率为2.94%（图2–1）。其中，在工业生产方面，2020年北京市纺织服装、鞋、帽制造业产值为69.22亿元。2021年限额以上批发和零售业中，服装鞋帽针纺织品类商品零售额比上年增长16.9%（图2–2）。

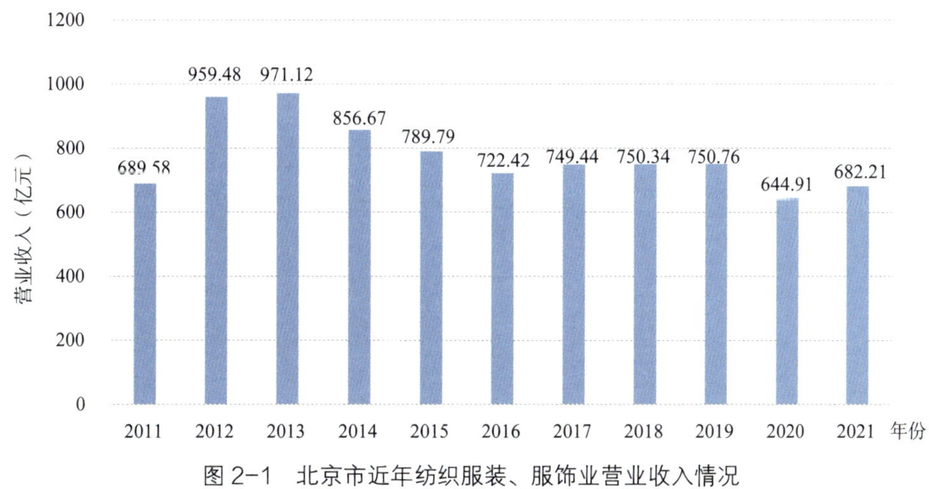

图 2–1　北京市近年纺织服装、服饰业营业收入情况

数据来源：北京市统计局。

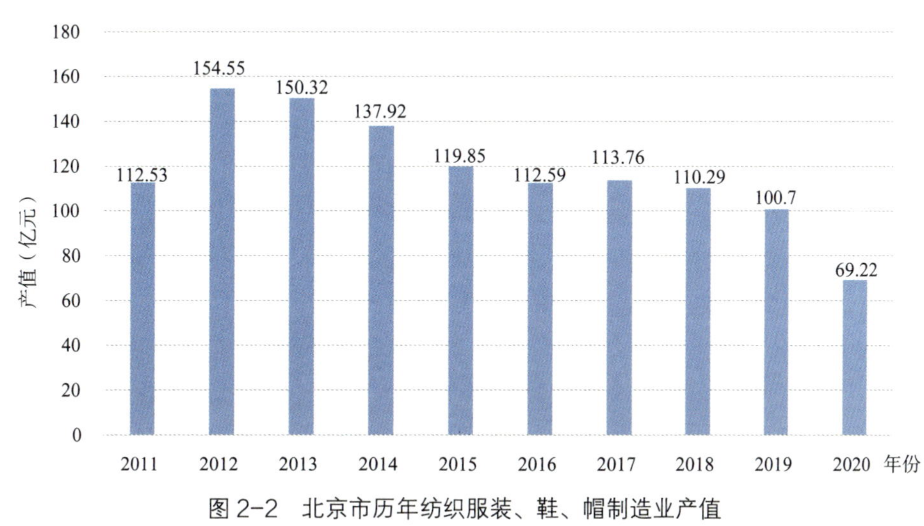

图 2–2　北京市历年纺织服装、鞋、帽制造业产值

数据来源：北京市统计局。

（二）产业特色

1.运动类服装在上市公司群体中占据主导

北京服装行业的上市公司一共有7家，包括探路者、三夫、李宁、中国动向、际华集团、朗姿和爱慕。探路者主营户外用品、旅行服务和体育三大业务；三夫户外布局户外营地，打造户外运动体验公园；李宁为体育运动领域的知名鞋服品牌；中国动向主营运动类鞋服产品；际华集团在做大做强军需产品的同时，也围绕户外与运动，尤其是极限运动产品与时尚体育园区建设方面频频发力；朗姿为女性时尚品牌，爱慕主营内衣和居家服装，但这两个品牌近年来也开始涉足运动休闲服饰领域。

2.老字号品牌是北京的独特风景

根据北京市老字号协会公布的名录统计，目前经营主项涉及纺织服装行业的老字号品牌和企业共23个，分别是同升和、盛锡福、内联升、红都、雷蒙、蓝天、造寸、谦祥益、雪花、宝石、华女、雪莲、百花、双顺、福景、隆庆祥、北京制帽厂、北京前进鞋厂、北京东方艺珍花丝镶嵌厂、大华时尚科技公司等。这些老字号企业，各有独特的文化传承，经历了时代变迁的考验，当前正在加快时尚创新、强化品牌建设、融入电子商务等举措，是北京服装服饰产业的生力军和特色风景线。

3.服装定制业务在北京发展良好

在市场消费个性化潮流的驱动下，服装定制已成为我国服装服饰行业充满生机活力的新业态，受到越来越多消费者的青睐。服装高级定制在北京服装服饰产业中发展良好，已经成为一股旺盛的发展力量。铜牛开展的“互联网+移动智能店铺”是科技与时尚结合的一大亮点，在服装团队定制领域成绩斐然。际华集团除了是我国最大的军需品生产保障基地外，还是我国最大的职业装研发生产基地和职业鞋靴研发生产基地，是国内特种装具及特种防护用品市场领导者。

（三）企业结构

通过wind全球企业库查询，北京市现有服装服饰企业约6974家，其中制造型企业2333家，批发零售型企业4641家。制造型企业中，注册资金在500万元以上的有534家；批发零售型企业中，注册资金在500万元以上的有814家。此外，主营业务为服装产品的A股上市公司有5家，分别是朗姿股份有限公司、际华集团股份有限公司、爱慕股份有限公司、探路者控股集团股份有限公司、北京三夫户外用品股份有限公司（表2-1）。

表2-1 北京市以服装为主导产业的上市公司

股票代码	公司全称	市值（亿元）
002612.SZ	朗姿股份有限公司	118.22
601718.SH	际华集团股份有限公司	126.48
603511.SH	爱慕股份有限公司	67.44
300005.SZ	探路者控股集团股份有限公司	71.93
002780.SZ	北京三夫户外用品股份有限公司	20.85
2331.HK	李宁体育用品有限公司	1498.20（港币）
3818.HK	中国动向（集团）有限公司	23.84（港币）

数据来源：wind，市值数据截至2022年5月17日。

三、北京服装服饰产业的资源条件

北京是中国的首都，是全国的政治、文化中心，发展服装服饰产业，在人才培育、研发设计、品牌运营、时尚发布、产业融资等方面拥有优越的产业发展条件。

（一）庞大、高端的消费市场

根据《北京市2021年国民经济和社会发展统计公报》显示，截至2021年年底，北京市常住人口2188.6万人，全年实现地区生产总值40269.6亿元，人均地区生产总值为18.4万元，人均可支配收入达到75002元（图2-3）。2021年北京市消费品市场持续回暖，社会消费品零售总额14867.7亿元，同比增长8.4%（表2-2），其中，衣着消费占北京居民消费总支出的4.8%，为2104元（图2-4）。

在消费环境方面，北京拥有全国乃至全球的最高端、最大规模的市场商圈。2021年8月，北京市发布培育建设国际消费中心城市实施方案，推出“十大专项行动”，打造消费新地标。王府井步行街获评国家级示范步行街；西单商圈全面升级数字化商业销售模式；SKP连续两年问鼎全球“店王”，单店销售额全球第一；朝阳亮马河开通水上航线，打造国际风情水岸夜经济；环球主题公园一期开园首月带动周边住宿和餐饮业大幅增长。北京的22个传统商圈基本完成升级改造，CBD商圈正向零售额过千亿迈进。北京作为全国特大型消费城市之一，消费者个性化、特色化、时尚化、高端化的消费需求快速增长，服装服饰消费市场拥有巨大潜力。

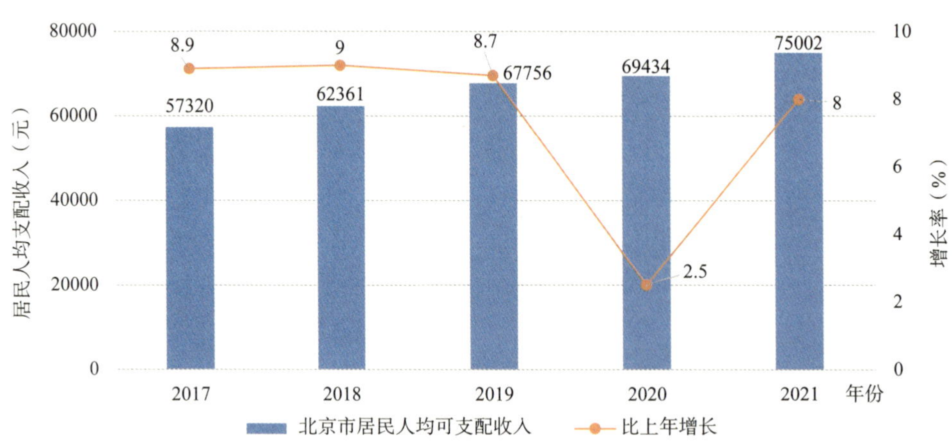

图 2-3　2017—2021 年北京市居民人均可支配收入及增长速度

表 2-2　2021 年北京市社会消费品零售总额

指标	社会消费品零售总额（亿元）	比上年增长（%）
总计	14867.7	8.4
按商品用途分		
吃类商品	2966.3	8.4
穿类商品	827.3	13.8
用类商品	10472.5	7.3
烧类商品	601.7	21.9
按消费形态分		
餐饮收入	1134.6	27.5
商品零售	13733.1	7.1

资料来源：《北京市 2021 年国民经济和社会发展统计公报》。

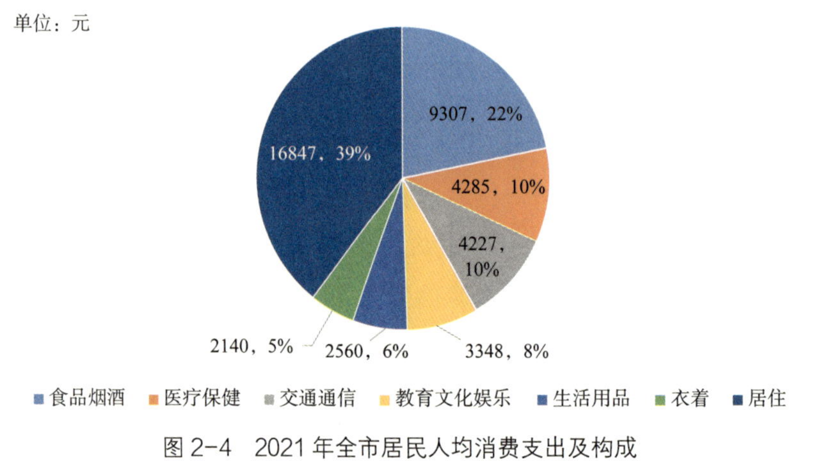

图 2-4　2021 年全市居民人均消费支出及构成

（二）传统与时尚并存的产业文化

1.厚重的历史文化底蕴

北京作为闻名世界的东方古都，拥有众多辉煌壮观的皇家建筑和风貌独特的老北京城市建筑群落。此外，北京还拥有京剧、“七十二行”、老字号品牌等众多闻名于世的非物质文化遗产，形成了浓郁厚重的京味文化。厚重的文化底蕴，可以为北京发展服装服饰产业发挥聚集人才、滋生创意等作用。

2.前卫现代的时尚氛围

国家体育场（鸟巢）、国家游泳中心（水立方）、国家大剧院等标志性建筑，构建了北京现代时尚的空间格局。CBD时尚商圈、西单商业街、三里屯街区等营造了北京现代、潮流的气息。前卫现代的时尚氛围，是支撑服装服饰产业腾飞发展的主体力量。

3.影响巨大的时尚活动

北京举办的各种时尚展会、庆典和赛事，为北京服装服饰企业提供了丰富的营销宣传渠道，成为北京服装服饰产业扩大影响力的重要推手。中国国际时装周、北京国际设计周、北京时装周等大型时尚活动，营造了北京的时尚氛围，宣传了北京的时尚形象，提升了北京的国际时尚影响力，是推动北京服装服饰产业成功实现国际化发展的重要力量。

（三）优越的教育和人才资源

北京拥有北京服装学院、中央美术学院、清华大学美术学院、中国纺织科学研究院等国内外知名时尚、艺术类高等院校及科研院所，能为服装产业培养专业人才，能对服装面料等领域进行专业的研究。此外，北京高校、科研院所林立，科技力量雄厚，自主创新能力位居全国首位，信息、资源丰富，能够吸引各地的高科技人才、服装企业和最新时尚信息、会展、时装发布会的流入，使生产性服务业拥有更好的发展资源，促进北京服装产业的发展。

（四）京津冀协同发展的产业链配套条件

北京与天津、河北推进“京津冀协同发展”，北京服装服饰产业对天津、河北地区的产业资源可实现协同利用，获得更大的发展支撑，创造更多的生机活力。天津是紧邻北京的直辖市，坐落在环渤海地区，有北方最大的综合性港口和优良的海运条件，有独特文化底蕴和巨大的城市消费市场，能为北京服装服饰产业提供支撑。河北的服装服饰产业长期以来形成了特色产业集群，如白沟箱包、容城男装、磁县童装、清河羊绒、紫家毛毡。此外，河北省具有广大的地域纵深，拥有丰富的劳动力资源，有条件承接北京疏散出去的服装生产型企业，在后续的发展中，进一步发展服装服饰生产制造环节。

当前，京津冀服装产业协同发展已在不断推进，取得了良好的效果。2014年5月，北京市丰台区商务委员会与河北省保定市白沟新城管理委员会签署《战略合作协议》，大红门地区将服装的批发物流等功能逐渐向白沟转移。此外，廊坊永清、沧州、衡水等地也陆续采取不同的模式承接了不同规模的产业转移。“京津冀服装行业委员会”成立大会于2019年10月12日在河北永清云裳小镇拉开帷幕，为京津冀服装产业协同发展提供了组织保障。

（五）充足、便利的融资条件

服装服饰企业推进转型升级，需要在面料研发、服装设计、渠道建设、品牌推广等方面投入大量资金，北京优越的金融环境，可以助力服装服饰企业更好地发展。北京集中了众多大型金融机构，有强大的金融支撑体系，能够为企业发展提供丰富多元、种类齐全的金融服务。而且北京还有大量的中小企业孵化器、金融服务网络平台等，能助力中小企业发展。近年来北京不断优化金融营商环境，营造更加完善、更具活力的多层次资本市场发展格局。北京市地方金融监督管理局为北京证券交易所制定了专属的服务包，推进北交所和各区域股权市场、私募股权份额转让平台的有效衔接，进一步完善首都多层次的资本市场。

四、北京服装服饰产业的不足

（一）缺乏国际一流的服装服饰企业和知名品牌

北京服装产业经过多年的高速发展和优化升级，已经出现了一批规模较大的上市企业和在全国有一定知名度的服装服饰品牌。但是目前，产业总体规模还不够大，发展水平仍然不足，在许多方面还落后于上海、深圳、广州、杭州等地，与国外的时尚大都市巴黎、纽约、伦敦、米兰相比，差距更加明显。其中比较突出的一点是，目前北京还没有一家世界级的服装服饰企业，没有一个世界级的服装服饰知名品牌。

（二）产业链配套尚未有效组建运行

北京发展服装产业优势在于人才、市场、品牌、文化和信息，目前北京生产环节已经基本转移到周边的天津和河北地区，但产业链还没有构建形成高效、强大的产业生态，不同地区间的产业协作还不够深入。相比于长三角、珠三角地区，京津冀的纺织服装产业缺少产业链上游的化纤生产，中游的印染环节，面辅料较大程度依赖外地采购和国外进口，而且总的产业体量不够强大，在地区经济中占比较小，没有形成明显的产业集群形态，没有得到应有的重视。

（三）各类产业资源发展不足、开发应用不足

北京虽然拥有为数众多的专业院校和科研院所，服装产业人才资源丰富，但目前企业端的力量还不够强大，存在专业人才闲置、流失的现象，产业人才对服装服饰产业推动作用不明显。北京拥有丰厚的传统文化资源和现代生活时尚资源，但目前各类文化资源与服装服饰产业的结合还比较薄弱，没有充分转化成为被市场接受、认可并为之买单的产业文化。北京作为我国首都、世界历史文化名城，在时尚方面的发展还没有达到应有的地位，在世界著名都市中的时尚排名还偏于落后。2021年12月28日，在深圳举办的第七届中国（深圳）国际时装节上发布了全球时尚城市指数，入围城市排名前十的城市依次为纽约、巴黎、伦敦、东京、深圳、米兰、上海、新加坡、北京、洛杉矶。由此看来，北京的时尚发展还有进一步提升的空间。

五、北京服装服饰产业的发展政策

纺织服装产业长期以来是我国国民经济的传统支柱产业、重要的民生产业和国际竞争优势明显的产业，得到了国家和政府的大力支持。尤其是服装服饰产业具有引领时尚，美化人民生活的作用，在大都市建设中具有更大发展潜力，受到了北京市人民政府的一贯重视和支持。进入21世纪以来，北京出台和发布了一系列重要的产业规划和政策，支持、引导服装服饰产业做强、做优、做大，适时进行转型升级。

2001年5月，北京市经济委员会发布了《2001—2005年北京服装纺织行业发展规划》，文件提出“北京服装纺织行业发展要在总量调控、淘汰落后的基础上，结合首都经济特点，以发展现代高技术服装纺织产业为主题，以结构调整为主线，用高新技术、现代信息技术改造传统产业为目标，以设计开发、品牌经营、国内外市场营销为主攻方向，全面实现产业升级”。

2004年，北京市人民政府和中国纺织工业联合会共同发布了《促进北京时装产业发展，建设“时装之都”规划纲要》。该纲要提出“北京服装产业的发展，要紧紧围绕着建设现代化国际大都市的目标，以2008年北京奥运会为契机，以首都的文化资源和产业基础为依托，突出设计龙头，发挥品牌效应，营造时尚氛围，努力把北京建设成为引导中国服装业发展的设计研发中心、信息发布中心、流行时尚展示中心、精品名品商贸中心、特色产业集群和产业链集成中心，树立北京成为全国和世界”时装之都“的城市形象”。

2006年10月，北京发布了《北京服装产业“十一五”发展规划（2006年—2010年）》。该规划提出北京服装产业要以推进时装之都建设为目标，以奥运为契机，以首都的文化资源和品牌基础为依托，突出服装的高端设计与科技含量，提高企业在价值链高端的自主创新能力的竞争力，建设北京时装研发设计中心。发挥品牌效应，营造时尚氛围，实施品牌扩张战略。落实《促进北京时装产业发展，建设“时装之都”规划纲要》，建设产业链配套，与首都宜居服务功能配套、生态环境相协调的特色服装产业基地，形成产业链高端研发和贸易在市中心、加工配套在郊区的产业格局。

“四个中心”是党中央赋予北京的城市战略定位，要求努力把北京建设成为国际一流的和谐宜居之都。促进时尚产业发展有利于促进北京文化中心、国际交往中心、科技创新中心的建设。在城市新定位的大背景下，北京市加快了对产业升级发展的要求，对纺织服装产业也产生了巨大的影响。2014年7月，北京发布实施《北京市新增产业的禁止和限制目录》（以下简称《目录》），并于2015年、2018年、2022年先后进行了三次修订。《目录》是北京治理“大城市病”、促进减量提质、推动集约高效发展的重要政策文件。其中提出，全市要禁止或限制包括纺织在内的一般制造业，服装纺织产业的生产制造环节和批发市场应有序疏解到京外发展。

2015年，《京津冀协同发展规划纲要》发布，指出推动京津冀协同发展是一个重大国家战略，核心是有序疏解北京的非首都功能，其中区域性批发市场疏解是疏解非首都功能的重点任务之一。

2017年9月27日，中共中央、国务院关于对《北京城市总体规划（2016年—2035年）》的批复向社会公开，标志着北京城市总体规划进入实施阶段。该规划提出北京市要坚决退出一般性产业，严禁再发展高端制造业的生产加工环节，重点推进基础科学、战略前沿技术和高端服务业创新发展。此外，要推进区域性物流基地和区域性专业市场疏解，严禁在三环路内新建和扩建物流仓储设施，严禁新建和扩建各类区域性批发市场。

2021年8月27日，由中共北京市委办公厅、北京市人民政府办公厅发布的《北京培育建设国际消费中心城市实施方案（2021—2025年）》指出，建设国际消费中心城市，是落实首都城市战略定位、推动高质量发展的必然要求，是实施扩大内需战略、融入新发展格局的重要抓手，是顺应消费发展新趋势、满足人民美好生活需要的关键之举。该方案提出要打造2至3个千亿规模的世界级商圈，打造一批具有全球影响力的标志性商圈，培育20个以上具有国际传播影响力、中华文化感召力和首都形象亲和力的知名品牌活动。入驻一批全球知名品牌中国区总部、亚太区总部和全球顶级品牌投资商、运营商。力争到2025年，吸引国际国内品牌在京开设3000家以上首店、创新店、旗舰店，将北京打造成为全球首发中心。支持首钢园区完善配套设施，打造全球新品首发首秀活动平台，在新品发布资源对接、活动审批、宣传推广等方面给予便利化服务。加强首店品牌营销，持续举办“北京首发节”，在王府井、CBD、三里屯、北京坊等重点商圈开展“京彩首店”打卡指南发布、品牌首秀京城线上推广促销等活动。

2022年3月11日，北京市商务局正式对外发布《促进首店首发经济高质量发展若干措施》（即“首店3.0版措施”）。升级首店政策，将进一步激发市场主体积极性和创新性，优化消费新供给，挖掘消费新亮点，激发消费新潜能，共同助力北京国际消费中心城市建设。“首店3.0版措施”主要在综合施策和资金支持方面进行了优化调整，即“三新增、三提升”。其中“三新增”是指：一是新增服装类新品通关支持，在原来对品牌入驻和开业进程中所涉及的项目选址、登记注册、消防验收、广告牌匾设置、注册商标专用权保护、无需许可促消费活动安全管理等方面提供服务和支持的基础上，新增建立服装类新品第三方采信制度，提升时尚消费品牌新品通关速度；二是新增商业品牌行业示范总部支持，鼓励以分支机构开展经营活动的商业品牌企业在京设立独立法人主体，对符合行业示范总部企业标准的商业品牌企业纳入总部企业管理，符合条件的给予资金和配套政策支持；三是新增创新概念店支持，在原来支持品牌亚洲首店、中国（内地）首店、北京首店、旗舰店基础上，新增对品牌创新概念店的支持，符合条件的创新概念店最高可获支持100万元。“三提升”是指：一是提升零售品牌北京首店、旗舰店的最高资金支持额度，由原来的最高支持50万元提升到100万元；二是提升国内品牌零售首店投资的支持比例，由原来的按照项目核定实际投资总额的20%给予支持提升至50%；三是提升国内外知名品牌在京举办时尚消费类新品发布活动的最高资金支持额度，由原来的最高支持100万元提升至200万元。

六、北京服装服饰产业的发展建议

（一）高端化发展

北京的服装服饰产业要聚焦价值链高端环节，着重发展科技研发、设计创意、品牌营运、高端市场等价值链高端环节，同时着重促进金融、信息、商务服务等现代服务业创新发展和高端发展；吸引和支持全国有影响力的服装服饰企业在北京设立总部中心，培育壮大与首都地位相匹配的产业总部经济，支持引导在京创新型总部企业发展；进一步优化升级北京相关商业区的发展形态，通过时尚化、智慧化，赋能商业街、重点商城等发展，促进其向高品质、综合化发展，突出文化特征与北京的地方特色；引导北京周边的服装服饰生产企业，走品质化、品牌化的高端发展路线，适应首都市场的战略定位，与北京的服装服饰产业形成配套，一体化升级发展。

（二）时尚化发展

北京服装服饰产业要重点强化时尚建设，以建设世界时尚大都市的发展定位来推进产业发展；把北京建设成为最具中国特色的时尚都市，成为全国流行时尚的风向标杆和文化策源地；全面推进时尚人才建设，培养世界级服装设计大师和品牌运营人才，建设世界一流的服装服饰院校和学科，加强吸收引进国际产业高端人才；推进服装服饰品牌建设，重点培育和引进有国际影响力的服装企业和品牌，努力打造高端企业总部聚集之都；着力推进张家湾设计小镇、798艺术区等时尚园区建设，提升园区的时尚环境，吸引更多时尚创意机构入驻发展；大力推进市容市貌的时尚化建设，营造开放、时尚的生产、生活环境，形成热爱时尚、拥抱时尚的市民文化；办好中国国际时装周等赛事活动，通过举办更高频、更大影响力的产业活动，提升我国服装服饰产业在世界上的影响力。

（三）智慧化发展

北京服装服饰产业要积极推进产业的智慧化发展，通过科技赋能，提升产业运营效率和发展质量；要大力推进服装服饰企业的数字化生产运营，推进智能工厂、智慧商城、智慧场馆建设，推进企业在生产制造、客户服务、营销管理等方面的数字化进程；要充分发挥北京丰富的科技资源优势，不断提高产业自主创新能力，在基础研究和战略高技术领域抢占全球科技制高点，加快建设具有全球影响力的全国服装服饰科技创新中心；要整合行业数据、重点企业销售数据、新闻舆情数据、电商平台数据，建设服装服饰产业大数据平台，充分发挥行业大数据在产业政策指导中的作用，以数据驱动产业发展；要推进产业链、产业区域间的网络化发展，建设智慧化仓储、物流，充分运用互联网、大数据、物联网对现代产业的发展支撑作用；要充分运用数字传媒、移动互联等科技手段，构建立体、高效、覆盖面广、功能强大的服装服饰产业传播网络。

（四）融合化发展

北京的服装服饰产业，要融入首都的城市建设，在文化中心、国际交流中心等方面积极发挥作用；在北京推进时尚产业发展的格局中，发挥主体性作用，与其他时尚创意产业进行融合发展；要积极融合数字化、智能化等产业发展成果，更新改造服装服饰产业的发展方式，不断获取发展新动能；要促进北京服装服饰企业的互动交流，促进教育、科研、设计、产业服务等各类产业资源的融合发展，形成互利共赢的有机式产业生态；要融合北京高校、研究所、行业协会、骨干企业等资源成立时尚产业研究院，为政府决策提供决策支持；要推动服装产业园区向时尚文化创意产业转型，促成跨界融合，打造时尚产业生态圈。要融合天津、河北地区的纺织服装产业，实现产业链配套发展，在更大地域范围内获得更多的产业支撑，成为京津冀地区服装服饰产业集群的核心；要推动传统与现代的融合，促进民族文化与世界流行时尚的交流，形成既有自我特色又包容并蓄的产业文化。

（五）民族化发展

北京是我国的首都，是代表东方文明的大都市，北京推进“文化中心”建设，服装服饰产业要发挥重大的承载作用。北京服装服饰产业要利用好北京底蕴深厚的传统文化资源，促进传统与现代相结合，促使历史文脉与时尚创意相得益彰，掘取深厚广大的中国文化转化成为能流行于市场的产业文化；要保护和利用好北京辉煌灿烂的传统场馆、建筑，积极发掘利用戏曲、书画等各类非物质文化遗产的文化养分；要重点发展好北京的老字号服装企业，激发它们在市场中的活力，传承和宣扬它们身上所具有的特殊产业文化和企业精神；发挥首都凝聚荟萃、辐射带动、创新引领、传播交流和服务保障功能，在全国服装服饰产业中形成民族化发展的带头示范作用，为各地产业发展民族文化提供支持和服务。

（六）国际化发展

北京要发挥好全国服装服饰产业重大活动舞台的功能，持续优化为产业国际交往服务的软硬件环境，不断拓展对外宣传、交流的广度和深度，积极培育我国服装服饰产业国际合作竞争新优势，发挥向世界展示我国服装产业文化的首要窗口作用，努力打造国际交往活跃、国际化服务完善、国际影响力凸显的产业重大国际活动聚集之都；扶持服装纺织企业走出去，开拓国际市场，重点提升自有品牌的国际影响力；支持建立各类时尚预测、时尚评论机构，周期性发布流行趋势的权威预测，打造时尚信息发布中心，引领国际时尚发展潮流；规划、建设好王府井、西单、SKP、三里屯等时尚商圈，提升798艺术区、张家湾设计小镇北京未来设计园区、首钢园、隆福文化中心、京工时尚创新园等设计创意园区的软硬件建设，为建设世界品牌、开展世界级产业活动提供支撑。

（郑治民　中国中纺集团有限公司
王花妮　中国纺织出版社有限公司）

参考文献

[1] 编委会．中国近代纺织史（上卷）[M]. 北京：中国纺织出版社，1997.

[2] 王革非，穆雅萍，贾亦晗，黄义．北京纺织服装业发展现状与未来趋势 [J]. 纺织导报，2018

（6）: 20–22.

[3] 负天祥 . 关于北京服装产业时尚化升级的思考 [N]. 首都建设报，2021–02–09.

[4] 刘元风 . 北京服装消费文化的变迁 [J]. 纺织学报，2009，30（3）: 94–98.

[5] 陈文晖，熊兴，王婧倩 . 加快发展时尚产业以推动北京建设全国文化中心的建议 [J]. 中国纺织，2019（1）: 110–112.

[6] 赵隽鸽，卢安，朱光好 . 北京纺织服装业影响力实证分析 [J]. 毛纺科技，2018，46（4）: 85–89.

第三章　北京时尚设计服务业发展研究

一、研究背景

（一）时尚设计的概念

“设计”是人们从自身需求出发，改造事物、能量和程序的一种过程，出发点是为了满足人们对于美学、舒适度的感官需求和生理需求。按照世界设计组织WDO（原名：国际工业设计协会）的最新定义，“设计”是一种战略性解决问题的方法和流程，目的是驱动创新、促进商业成功和创造更高质量的生活。在我国，虽然学界关于设计产业的定义和分类不尽相同，但对其核心特征和角色地位的认知相对一致。总体来看，设计以艺术、文化、科技为核心，将创意或审美转化为有价值的产品、工程、服务的创造性活动，可以有效提高生产、生活的品质和附加价值。

时尚设计属于服务业，是创意经济中具有较高活力与创造力的门类。作为文化创意产业的重要组成部分，时尚设计属于依附于国民经济第二、第三产业的一种工业产品，人居环境、商务、沟通等服务的中间服务环节的产业。一项研究表明，时尚产业的价值链利润分配结构一般是：研发设计占40%左右，生产制造占10%左右，品牌渠道运营占50%左右。由此可见，研发设计和品牌渠道运营是时尚产业最重要的价值链环节。

（二）发展时尚设计与北京建设时尚之都的关系

全球时尚之都的发展经验表明，政策支持、资金扶持、人才引进、品牌集聚、强大的供应链等是时尚之都形成的共性要素。同时，时尚之都会结合自身的资源优势形成差异化的发展特色，如巴黎是高级定制时装的复兴地、米兰是全球奢侈品牌青睐的总部所在地、伦敦是欧洲的创意之都、纽约是商业氛围最浓厚的时尚都市。北京文化底蕴深厚、文化资源丰富，聚集了众多行业组织和领军企业，拥有多家知名时尚活动品牌，时尚产业具备良好的发展基础。“十四五”时期，在经济高质量发展与数字科技赋能的双重推动下，科技与时尚的融合将通过设计、个性化定制以及工艺创新等为传统服饰服装产业赋能，北京打造时尚之都、建设国际消费中心城市的条件会更加成熟。

1. 时尚设计是推动北京创意设计与相关产业融合发展的重要驱动力

发展时尚设计及相关服务业是推动北京创意设计产业与其他相关产业融合的重大举措。在《国务院关于推进文化创意和设计服务与相关产业融合发展的若干意见》和《北京市推进文化创意和设计服务与相关产业融合发展行动计划（2015—2020 年）》相继出台的背景下，通过发展时尚产业，带动北京的消费市场，驱动设计环节创新，从需求侧为北京创意设计产业营造良好的产业氛围，是北京时尚产业供给增长或供给结构调整的最大动力。时尚设计及其相关服务业能够引导人们从提高生产、生活品质的需求入手，将消费层次和消费水平提升到新高度，以此培育新经济增长点，促进北京的消费增长和经济发展。同时，时尚设计及其相关服务业能够有效推动北京作为开放创新的现代之城和千年古都优化产业结构、弘扬工匠精神，引导和催生更多新型业态，进一步推动文化创意和设计服务成为蓄积和增强实体经济发展能量的强大引擎。

2. 时尚设计是北京打造国际消费中心城市的重要抓手

近年来，北京市坚持“四个中心”城市战略定位，不断推进“全国文化中心”建设，大力发展文化产业，推出多项扶持政策，取得了一系列重要成果与突破，实现了社会效益和经济效益的双丰收。北京建设国际消费中心城市，以潮流文化引领消费升级，拓展新的市场空间，需要通过发展时尚设计产业找到生活美学和城市时尚文化的基因，并形成充分的产业与市场的转化与表达。

时尚设计是时尚产业与消费密切融合的重要推动力。它能够将消费者习惯的变化与技术的迭代革新衔接，一方面拥抱科技进步，切实在产品设计方面创造新的价值；另一方面消费行为的变化能够驱动设计创新与科技进步。新冠肺炎疫情影响之下，以消费体验为核心的时尚消费以及相关服务消费需求不断升级，如何实现战略转型以满足市场需要，成为北京时尚企业亟待解决的问题。由此可见，原创设计的重要性越发凸显。北京是设计之都，设计又是时尚产业的价值内核，发展时尚设计能够为北京本地消费者创造更符合需求的产品，推动消费变革；能够提升设计师原创设计能力，提高产权保护意识，优化行业生态；能够为形成一套可持续的商业模式，在实体经济与电商经济竞争的当下保持市场的繁荣稳定，为打造国际消费中心城市提供“北京经验”。

（三）时尚设计面临的数字化发展机遇

“十四五”时期，时尚产业在参与我国繁荣发展文化事业和文化产业的进程中迎来更多的机遇，尤其是随着 5G、大数据、人工智能、AR/VR 等技术的发展，数字技术与时尚设计领域的融合将成为时尚产业发展的新蓝海。一方面，数字化能够节省时间、降低成本，包括减少纺织材料浪费、降低对染料和用水的需求、减少由实体打样所产生的碳排放，促进时尚产业的可持续性发展；另一方面，在时尚产业智能化进程中，数字技术对设计环节的渗透能够有效拓宽其应用场景，引导数字技术的价值转化，加强对数字时尚的有效治理。

（1）时尚设计将开始主动拥抱数字化，适应消费者新型消费习惯并优化供应链合作方式。一方面，传统制造生产周期长，一旦产品大批量出货导致市场发生变化时，需要立即通过商品评估会议进行风险预估；另一方面，时尚产品评估会涉及供应链多个环节，可以通过数据可视化，为决策、合作提供参考。通过数字化工具进行消费洞察，预测销售趋势，快速响应市场需求，同时将供应链上下游紧密连接在一起，提高协作能力。

（2）时尚设计及相关服务配套将不断成熟，不断释放的数字技术领域政策红利将有助于优化时尚产业创新发展的行业环境。例如，从“单点技术”到“多技术多场景”的应用，从“数字个体”到“平台服务”，从“弱人工智能”到“感知增强”，依托数字技术的时尚设计环节正在大踏步前进，设计是数字技术应用于时尚产业的最活跃环节。

（3）人工智能软件将大大提高时尚设计效率。在时尚设计端，人体大数据支持定制版的一人一码，区块链技术将被广泛应用于设计版权溯源保护，数字技术与时装设计的融合显示出巨大的前景。

二、国际时尚之都的设计产业发展经验

（一）中国香港

香港是亚洲时尚产业的商贸枢纽，时尚设计及相关服务业拥有良好的口碑和巨大的国际市场。很多香港本地的时装设计师向海外机构输出服务，服务内容主要体现在时装设计、平面设计、广告设计和室内设计。近年来，时尚设计及相关服务业在香港逐渐成为一门新兴行业。除了核心服务外，一些香港时尚设计公司还提供广告、推广设计等服务。

1. 全产业链条完善，设计人才储备充足

香港时尚设计产业链条完整，配套完善。过去20年，香港的时尚设计及相关服务业成功推动香港发展成为展示亚洲潮流趋势和风格的世界之窗，以及汇聚各种创新理念、产品和人才的区域设计中心。2019年，设计业为香港文化及创意产业创造增值逾48亿港元，文化及创意产品的出口总值达5710亿港元，占香港货品出口总值的14%。作为自由贸易港，香港为全球时尚设计服务提供了强大的资本市场以及充满活力的设计人才库。来自香港贸易发展局的数据显示：香港的设计公司数量在过去20年中不断增加，从2000年的2660家上升至2020年的6900多家（表3-1）。为了

更有效地进军迅速增长的亚洲市场，许多国际时尚设计公司已在香港设立地区办事处或总部，香港已成为时尚设计界植根发展的首选地点之一。

目前，香港时尚设计及相关服务业的从业人员已经组成了多个专业团体，例如，特许设计师协会、香港设计师协会、香港设计总会、香港室内设计师协会、香港时装设计师协会以及香港工业设计师协会等。另外，香港设计中心由香港设计师协会、特许设计师协会、香港设计总会、香港室内设计师协会及香港时装设计师协会等组织共同成立，旨在推广设计的增值功能，以及提升香港作为创新及创意中心的形象。

表3-1　香港2020年设计业规模统计

公司数目	6930
就业人数（不包括从事设计工作的公务员）	18590

资料来源：香港特别行政区政府统计处《就业及空缺按季统计报告》。

2. 服务输出能力强，周边市场需求旺盛

近年来，不少粤港澳大湾区企业积极扩展时尚商业版图，选择香港设计公司的服务。这些企业希冀通过香港设计师的创意思维帮助大湾区企业重新设计产品，推广旗下品牌，借此提升对国际市场的吸引力，同时保持在国内市场的竞争力。香港设计师既熟悉中国文化又深谙国际市场，能为大湾区企业制订更全面的品牌发展策略，并提供合适的产品设计服务。

3. 业界扶持力度大，平台资源优势显著

2009年6月，香港特别行政区政府成立“创意香港”（CreateHK）办公室，由香港设计中心管理的“设计创业培育计划”，得到“创意香港”办公室支持。这项计划旨在培育从事时装、珠宝、媒体及品牌等多个设计相关行业的新成立公司，自2006年推出至2020年为止，该计划已培育约293家初创设计企业。另一方面，香港设计中心也负责管理“时装创业培育计划”，旨在每年培育5个时装品牌，并为他们提供种子基金及专家指导等极具吸引力的资助项目。截至2020年年底，“时装创业培育计划”共取录了20家培育公司。同时，由“创意香港”办公室管理的“创意智优计划”于2009年成立，资助范围涵盖设计相关项目及其他创意产业项目（电影除外）。在新冠肺炎疫情期间，《2020年施政报告》为创意智优计划额外预留10亿港元资金，以支持和促进创意产业的发展。

此外，通过城市空间活化与旗舰项目活动，香港为本土时尚设计产业孵化和人才培育提供了更多空间选择。例如，中环荷李活道的前已婚警察宿舍已改造为标志性的创意中心“元创方”（PMQ），至今已有百余家企业入驻，汇聚多个领域的文

化创意产品及服务，有设计服务、时装、家居用品、饰物以及食品饮料等，不胜枚举。由香港设计中心与香港贸易发展局联合举办的设计营商周是亚洲设计界的年度旗舰活动，也是世界知名的业界盛事。设计营商周于2021年10月推出线上设计知识网站bodw+，使业界人士进一步实现切磋交流，现已成为亚洲的设计、创新及品牌旗舰活动。

（二）韩国首尔

1.“文化立国”战略引导“首尔设计”

1998年，韩国提出“文化立国”发展战略，政府专门划拨国家经费培养设计师，且为配合企业需要制定了“设计人才培养事业方案”。“设计人才培养事业方案”以在校大学生为对象，综合设计和与设计有关的专业，如工学、音乐、艺术、市场营销等进行综合教育。“文化立国”战略自实施以来，以韩剧、韩装、动漫、娱乐、出版等为代表的行业繁荣发展，这种特有的文化现象成为韩国开启时尚强国进程的催化剂。2000年，首尔市以促进首尔时装设计国际化为目的投资创办首尔时装周，在东大门设计广场，设计师通过T台走秀进行流行趋势发布并在现场与投资者进行签约合作。经过20年的发展，首尔时装周现已发展成为亚洲知名的时装设计师盛会，培育了多位本土年轻设计师，其中一些设计师还创立了以自己名字命名的同名品牌并迅速打开了国际市场。

2.快时尚设计拉动旅游市场繁荣

借助首尔时装周的影响力，首尔旅游经济也得到蓬勃发展，以明洞、东大门、狎鸥亭等为代表的快时尚商圈成为韩国最时尚的地区，国际时尚品牌纷纷进驻，购物旅游的国际游客数量显著提升。尽管时装单品价格大幅度提升，但采购市场依旧蓬勃，国际游客不再局限于亚洲地区，来自欧洲、拉丁美洲的旅游团也成了拉动首尔旅游经济的常客。

3.建立可持续的人才培养体系

首尔在时尚设计的人才领域具备出色的供给能力，时装产业从业者比米兰、巴黎等著名城市多出两倍左右。此外，首尔时装设计中心、首尔数字媒体城等为时尚企业的交流互动搭建了有效平台，促进了创意设计的市场化。此外，首尔还通过积极组织和参与国际交流活动，举办、承办设计论坛、国际会议和设计奥运等大型设计活动，扩大城市和设计师的国际影响力。

（三）美国纽约

1.聚焦创意举办展会，瞄准大众消费市场

20世纪30年代，美国开始发展时尚产业。初期由于缺乏培养和促进艺术创作和

时尚设计的相关政策，即便是最繁华的都市纽约，其时尚设计环节也仅局限于跟风巴黎并着重于成衣制作。第二次世界大战结束后，美国对纺织服装产业进行了重新定位，逐步形成了向创意和营销转型的发展思路，瞄准流行文化与大众消费市场的纽约时尚设计产业得到了蓬勃发展。1943年，纽约开始举办每年一届的时装周，将纽约设计推向全球，凭借时装周的平台和影响力，多位本土设计师在纽约麦迪逊大街和第五大道开设了精美店铺。

2.借助传媒做强营销，鼓励个性化时尚设计

20世纪80~90年代，美国时尚产业链的下游企业多转向全球布局。得益于纽约传媒业的飞速发展和激烈竞争，各品牌时装一经问世便在纽约各大杂志和公共广告中进行投放，尤其是一些明星政要的穿着搭配也成为媒体关注的焦点和市民争相模仿的对象。在媒体强烈的引导下，纽约市民对时尚设计有了初步认识，逐渐从普世化消费过渡至个性化需求，也在一定程度上推动了纽约时尚设计产业的变革。进入21世纪，纽约形成了便捷的交通网络、发达的传媒网络和顶尖的时尚展示平台，面料商和设计师的合作也越发紧密。在纽约时尚中心商业促进区内，设计师可以结合最新的调研数据和自身需求找到任何布料并立刻投入到天马行空的创作中，有效缩短了市场反馈时间。

3.设计类专业院校众多，输入大量人才储备

时尚设计产业步入繁荣发展阶段后，纽约市在行业协会层面更加注重时尚设计人才的发掘和培养。以纽约时装协会代表的专业组织通过设立各类奖项培育青年设计师、鼓励学生设计师，并长期不断地为其提供服务基金、商业资源、产权保护等服务。

纽约现拥有八所知名的时尚设计类专业院校，其中包括世界顶尖艺术设计院校帕森斯设计学院、2019年CEOWORLD排名榜首的纽约时装学院等，全球每年会有上万名国际学生前往纽约学习时尚设计。此外，这些顶尖院校独树一帜的授课风格也得到了业界的广泛认同。例如，帕森斯设计学院的教学理念是“创造漂亮的解决问题的方案”，教师鲜有评价学生设计作品的优劣，而是促使学生主动发问，不断思考并靠自己创造问题的答案。得益于启发式、包容式的时尚教育，学生的专业技能得到快速成长，无论是学院派设计还是商业化的时装设计，都积累了大量的人才储备。

三、北京时尚设计服务业发展概况

北京于2012年加入联合国教科文组织“创意城市网络”，成为继深圳、上海之后，我国第三个“设计之都”。2020年，《北京市推进全国文化中心建设中长期规划

（2019年—2035年）》（以下简称《规划》）正式发布，《规划》指出建设设计名城要聚焦工业设计、视觉传达设计、建筑设计等优势领域，促进设计产业集聚化、集约化、品牌化发展，不断提升北京作为设计名城的国际影响力。北京市"十四五"规划提出：要实施文化产业数字化战略，推动文化与科技、旅游、金融等相关产业融合发展，做强北京国际设计周等品牌文化活动，建设设计名城。作为国内时尚产业起步较早的城市，北京在时尚设计领域的优势明显，产业空间集聚性不断增强，专业影响力日益提升，积累了一定的发展经验。

（一）起步发展相对较早，服务平台持续完善

与我国其他城市相比，北京时尚设计服务业起步较早，发展相对成熟。目前，北京市拥有规模以上专业设计机构近900家，专业设计机构从业人员约15万人，规模以上文化及相关产业企业数达3700多家。从企业的发展规模看，时尚设计领域的小微企业占比接近一半，约有1/3的从业者就职于旗舰型企业。

2013年，在北京市科学技术委员会、中关村科技园区管理委员会和西城区人民政府的支持下，北京地区的22家知名设计院校和设计机构发起组建北京设计产业联盟，联盟涵盖了以中国设计集团、洛可可等为代表的一批行业领军设计机构。通过整合北京地区的设计院所、设计高校、设计企业、设计大师、设计平台五大资源要素，北京时尚设计产业联盟有效地促进要素跨界融合、推动"产学研"协同创新、服务设计企业发展。2021年10月9日，北京时装设计师协会与北京秀水街集团签署战略合作协议，共同组织并推动旨在发掘、孵化、扶持时尚设计师的"DESIGNER 101"项目（即"101设计师项目"），赋能设计师和时尚产业，助力北京国际消费中心城市建设。

（二）产业融合持续深入，保障首都重大节日活动

近年来，北京时尚设计服务业不断渗透到各个产业门类，跨领域融合成效显著。例如，总部位于北京的字节跳动科技有限公司已经将旗下抖音业务入局"数字时尚"产业，宣布推出针对时尚设计师的线上时尚设计平台"沸寂（pheagee）"。知名电商京东拓展旗下品类，在知名时尚、奢侈品牌不断入驻后，推出了扶持独立设计师的JD（x）计划，成立京东潮牌联盟。

同时，时尚设计产业在服务北京、保障首都重大节庆活动方面发挥着重要作用。例如，2022年北京冬季奥运会制服设计视觉来源于中国传统山水画与冬奥会核心图形中的"赛区山形"，体现了冬奥会赛事的自然景观与中国山水画的美学特征。以《千里江山图》为灵感的运动套装以时尚之名，中国设计师向世界展示了当下中国的文化自信。

（三）空间集聚性不断增强，协同发展局面正在形成

北京时尚设计产业在空间上呈现一定的集聚性。通过对北京现有的时尚集团、大师级设计师工作室、原创设计师工作室等不同规模的行业企业空间分布进行分析后认为：以大师设计师工作室、品牌原创设计师工作室为代表的时尚设计相关企业分布较集中于城市东部，如798、751等创作环境较好、租金相对较高的文化创意园区；中小规模的独立设计师工作室和处于创业阶段的时尚小微企业分布则相对均衡，散布于居住社区或分布在城区写字楼中，依据企业类型形成多中心的空间格局。因此，北京的时尚设计产业在空间上既表现出一定的专业集聚性，也体现出综合性与多元性的均衡发展特点。在各城区中，以朝阳区为代表的时尚设计产业形成显著高集聚，表现出一定的辐射带动能力，但辐射范围相对较小。由此，北京时尚设计产业尚未形成多个明显的增长极，局部空间集聚状态只是个别现象，协同发展的局面仍在形成。

（四）国际化程度逐步提高，专业影响力日益提升

近年来，北京每年接待的国际大型会议超过100个，成为亚洲会展之都、全球国际会议五大举办地之一。以北京国际设计周、中国设计节、红星奖为代表的知名国际活动的举办，促进了时尚设计服务业顶尖人才等时尚设计产业要素在北京集聚。当前，北京已经成为全球设计产业网络的亚太中心，进入了时尚设计产业高速发展的新时代。

为提升北京“设计之都”的国际影响力，推进北京设计的全球化进程，北京不断加强与联合国教科文组织创意城市网络成员间的交流与合作，举办联合国教科文组织创意城市北京峰会、北京国际设计周等国际品牌设计活动。北京国际设计周、中国国际时装周、中国北京国际文化创意产业博览会等时尚设计活动，每年吸引来自近百个国家的设计师齐聚北京。创意城市北京峰会、北京国际设计周、北京国际设计贸易交易会等活动成为北京设计的国际代表；中国设计红星奖连续三年成为全球参评数最多的设计奖项；超过1000件作品获得红点、IF等国际设计大奖；形成了一批极具国际影响力的领军企业和设计大师队伍。

四、发展建议

在建设国际消费中心城市和数字经济标杆城市的背景下，北京时尚设计产业要充分把握5G、大数据、人工智能、AR/VR、物联网、区块链等新一代信息技术带来的行业变革与发展机遇，加强主体创新、技术创新、协同创新和管理创新。整合时尚产业优势资源，发挥科技平台集聚效应，在数字技术助力下，推动时尚产业与传

统产业融合发展，打造高质量发展新引擎。

（一）聚焦科学技术创新，实现时尚设计多元化发展

1.关注技术变革并合理引导其在时尚设计的环节应用

数字技术的发展日新月异，其构成主体——媒介、产品、消费关系等要素每一阶段都会产生新的变化。北京时尚设计产业的可持续发展需要以当前最为关键的技术创新为主体，通过政产学研协作、专家智库建设，集合顶尖时尚设计团队、龙头设计企业及科研机构的群策群力，助力相关部门及行业组织的政策制定与资源配置，合理引导5G、AR/VR、4K/8K、云计算、大数据、人工智能、物联网、区块链等可信、可用、可行的新兴技术在时尚设计产业的应用与实践，让技术有效落地。

2.积极推动人工智能在时尚设计领域的应用

从时尚产业技术创新的相关实践看，时尚设计、成衣打版制作、产品市场推广服务等重点领域正在经历从“互联网+”到“人工智能+”的过渡，无论是原材料生产商还是设计师都需要借助人工智能技术实现生产计划与市场需求相互匹配、知识产权申报与维护等工作。基于此，在京企业要充分认识到图像识别、数据挖掘等核心技术对时尚设计应用成果转化的推动作用，将商业化的大数据、人工智能服务广泛应用于全产业链环节，尤其是在设计端提供一站式供应服务，减少生产成本，提高设计反馈效率。

3.充分依托大数据平台生产时尚创意内容

北京应大力推进时尚产业数字化转型的公共服务体系建设，打造时尚科技产业空间及数字化示范工程。依托处于高质量发展阶段的大数据平台，为时尚企业和设计师提供流行趋势预测、设计赋能、款式智能推荐，并向产业链下游拓展，助力北京老字号服装品牌承接流量和变现。

（二）以现有成果为基础，促进产业融合及共同体建设

1.重视对时尚设计领域前沿技术的深度研究

针对北京时尚设计产业的媒介资源、产品形态、盈利模式、组织结构、服务对象等，深度探索要素变化特征及发展趋势，持续跟踪采集行业数据。同时，要研究并加快建立北京时尚产业软实力评价体系，跟踪全国各地时尚及相关行业的软实力发展动态信息，加强对时尚经典、时尚心理、创意设计、品牌价值、流行趋势、时尚消费、服饰文化等方面的研究，挖掘应用好北京传统文化元素。进一步厘清数字技术创新对北京时尚设计及整个时尚行业带来的结构性、全局性变革，在数字化转型中，拓展时尚产业数字应用新场景，提升新效能。

2. 推进时尚设计产业与新业态的融合共生

基于北京时装周、设计周等旗舰活动，时尚园区等平台载体，头部时尚企业与行业协会等要素资源，聚焦时尚与科技融合这一主线，大力探索时尚产业的创意工具在工业设计、人工智能等领域的输出，推进时尚设计及相关服务与新业态的融合。同时，发挥北京文化底蕴深厚、时尚设计资源丰富、文化创意人才齐备、市场潜力巨大等优势，推动时尚设计新型产业共同体的建设与发展，逐步在全国范围乃至国际层面形成示范引领与辐射效应。

3. 加强时尚设计与其他设计领域的服务平台联动

在建设数字经济标杆城市的背景下，北京时尚设计产业的发展应加强常态化模式与机制创新，以市场化为导向，整合优质资源，统筹推进协调配合，打造更加开放、包容的时尚设计服务平台，按照市场化原则进行运作，使北京国际设计周、北京时装周成为科技与文化深度融合的平台与典范。

（三）以数字赋能关键场景，建立时尚设计协同创新平台

1. 释放数字经济价值，融合跨领域企业时尚设计需求

中国纺织工业联合会孙瑞哲会长曾指出："数字经济价值来自场景深耕价值。创造方式开始由消除信息不对称、建立市场连接，向决策支持、替代专业知识等更为复杂的功能延伸。"由此可见，构建新型生产关系、探索新的商业模式是北京时尚设计产业做强、做大的关键所在。因此，要将北京科技创新资源优势最大化，将数字应用更广范围、更深程度地推广至北京时尚产业体系构建中，使数字技术赋能时尚产品策划、趋势预测、创意设计等关键场景。

2. 建立具有影响力的北京时尚设计协同创新平台

一方面，平台可以帮助北京的数字技术创新公司建立从应用场景到算法框架的纺织服装产业技术逻辑，时尚企业借助平台优势可以快速将数字技术的应用场景落地，推进设计创新的商业价值转化；另一方面，平台将继续延伸"产学研"互动互融机制，与清华大学、中央美术学院、中国传媒大学、北京服装学院等专业高校合作，联合设立时尚设计产业高校产学及校企合作基地，为时尚企业提供多元服务，共同助力北京时尚设计产业升级转型。

（四）对标国际顶尖时尚城市，构建完整的产业创新服务体系

完整的时尚产业链包括："设计—制造—展示—消费"四大要素，其中，设计环节是时尚产业可持续发展的方向和动力。数字科技与时尚产业融合是"十四五"时期北京时尚产业发展的重要着力点之一，也是北京实现数字经济深度赋能实体经济的战略性举措。推动数字经济与时尚产业的深度结合，助力北京建设具有全球影响

力的现代时尚产业高地需要深度对标顶尖时尚城市的产业集群发展规律，结合北京的资源优势因地制宜，推动行业品牌化、研发数据化、设计产业化、制版平台化发展，探索协同创新的新路径。

（1）对标国际时尚之都、国内时尚城市的领军企业。发挥北京产业要素集聚、应用场景开放、国际合作广泛等优势，鼓励在京时尚企业善用数字赋能、深度挖掘需求、分析产业发展趋势，不断激发设计师的创造力，不断更新潮牌单品设计，提供新服务，塑造新品牌，丰富北京国际消费中心城市和数字经济标杆城市的内涵和影响力。

（2）围绕北京的产业布局，集聚时尚设计的相关服务配套力量。持续提升现有时尚产业集聚区产业能级；进一步在798、751园区、张家湾设计小镇等文化创意园中集聚创意和时尚设计企业，形成北京设计、时尚智造等集群品牌。

（3）培育具有国际影响力的时尚设计大奖、设计企业和设计驱动型品牌，提升北京国际设计周、北京时装周、中国国际时装周的影响力，建设国家级设计示范区，培育设计引领示范企业，推进设计学等一流学科建设。

（4）推动知名时尚企业建设设计研究院，中小企业成立时尚设计中心或设计部门。加大国际国内一流时尚设计企业、设计团队的人才引进力度，鼓励国际时尚品牌企业在北京设立设计中心，保障项目用地和办公空间需求。同时，鼓励有条件的时尚企业在全球布局设计研发中心，开展北京“智”造时尚消费品海外推广计划，设立一批北京创意设计、时尚消费品海外交互中心，打造世界级产业集群。

（刘雅婷　北京服装学院时尚研究院
纪怡　北京大学政府管理学院）

参考文献

[1] 祝帅，张萌秋 . 作为一种史学范式的“新中国设计史”——中国设计史研究分期问题再讨论 [J]. 工业工程设计，2021，3（5）：1-6.

[2] 叶思雨 . 数字技术背景下广告产业发展战略探究——基于 SWOT 模式的分析 [J]. 新闻研究导刊，2018，9（9）：228.

[3] 郝杰 . “腾笼换鸟”，京工加快时尚产业布局 J-PARK 京工时尚创新园开园 [J]. 纺织服装周刊，2019（24）：15.

[4] 白雪，杜桂娥 . 全面深化文化体制改革的制约因素与对策 [J]. 沈阳工业大学学报（社会科学版），2018，11（3）：284-288.

[5] 陈文晖，刘雅婷 . 香港时尚产业发展研究 [J]. 中国纺织，2018（7）：138-141.

[6] 设计界的盛会——香港“设计营商周 2003”[J]. 包装与设计，2004（1）：78-79.
[7] 王娟，温文静，邓小诗 . 全球典型城市发展设计产业经验对广州的启示 [J]. 城市观察，2019（2）：16-26.
[8] 郑春梅，张颖 . 北京文化创意产业空间发展差异及影响因素研究 [J]. 北方工业大学学报，2019，31（5）：8-15.
[9] Yvette.2016 北京国际设计周九大板块寻伙伴 [J]. 设计，2016（10）：156-159.
[10] 曾辉 . 推动创意设计与城市、产业、民生相融合——以北京国际设计周为例 [J]. 人文天下，2015（21）：35-39.

第四章　北京时尚会展业发展研究

一、研究背景

现代会展业属于第三产业，国际专业会议组织者协会（IAPCO）将其概括为：会议（Meeting）、展览（Exhibition）、奖励旅游（Incentive travel program）和协会团体组织活动（Convention）以及相关的交通通讯、物流、广告、装潢设计等行业。有学者将其定义为：从事现代会展经济活动而引起的相互关联的同类企业的活动和关系的总和。作为具有高附加值的都市服务型产业，现代会展已经受到我国各级政府的高度重视，其关联效应对我国地方经济产业结构调整和升级具有强大的推动作用。

在我国，不同行业会展的举办数量和规模存在明显差异。轻工业领域的会展在办展数量和展馆面积上均具备明显优势，其中，以纺织服装、服饰为代表的时尚产品领域又居细分行业之首。本研究所指的时尚会展是以轻纺服装、服饰等时尚产品为主的会议展览，也涵盖时尚珠宝、创意家居、智能穿戴、潮流电子等细分领域。

（一）时尚会展的内涵及特征

1.体验性与参与感

在我国时尚会展业发展初期，会展参与主体多为纺织服装行业从业者，如面料商、服装制造商、经销商、代理商等，市民和其他行业人员鲜有参与。随着时尚会展对城市经济、社会、文化效益的贡献日益突出，主办方及参展商意识到展会现场互动对于品牌及会展宣传具有积极作用，一些互动体验游戏被广泛应用于展会现场，用以聚集人气。

当前，我国时尚会展业已进入相对成熟的发展阶段，参与主体由最初的从业者扩展至媒体、金融机构、服务商和普通大众，时尚品牌在会展中的设计推广活动也从传统的游戏体验发展为沉浸式体验互动，其核心目的在于增加时尚产品与观众之间的互动，通过满足普通观众对于审美的个性化需求，实现情感共鸣，达成提升参与体验的目标。沉浸式体验互动的优势在于结合3D等技术，在传统展会形式上叠加虚拟产品进行展示，并且通过AR虚拟技术等为观众进行时尚产品的展示与体验。

2. 科技性与潮流感

2020年突如其来的新冠肺炎疫情对我国时尚会展业带来了短期负面冲击。在这一背景下，国家大力倡导“云上会展”，以“云展示、云对接、云洽谈、云签约”实现远程多方协作，唤醒企业运营活力。2020年4月13日，商务部在印发的《关于创新展会服务模式培育展览业发展新动能有关工作的通知》中明确提出，要加快推进展览业转型升级和创新发展，积极打造线上展会新平台。2020年11月国务院《关于推进对外贸易创新发展的实施意见》中指出，利用5G、VR/AR等现代信息技术开拓市场，推进展会模式创新，探索线上线下同步互动、有机融合的办展新模式。

AR（增强现实）和VR（虚拟现实）技术，有助于实现会展组织由以活动议程为中心向与会体验为中心的方向转变，是未来时尚会展发展的新动能与新常态。在细分领域，针对纺织服装、时尚珠宝等产品的会展将充分考虑固有组织成本、观众感官认知、陈展场地等多种现状因素，以科技感和潮流感作为会展的核心特征，配合3D产品展示和网络3D可视化，缩短与观众的视觉距离与心理距离，助力时尚会展行业蓬勃发展。

3. 城市展示与文化交流

时尚会展业是现代城市在农牧业和工业得到充分发展的基础上，与第三产业的各细分领域紧密且融合发展的业态，是城市创意经济的重要组成部分，也是城市文化软实力的衡量标准之一。时尚会展能为城市带来显著的经济效益，拉动旅游、餐饮、商贸等服务业，又是城市文化的标志名片。作为一种无形资产，时尚会展对于城市品牌的塑造贡献巨大。

从城市地理学的角度看，现代城市功能正在经历从生产型向以提供更多公共服务和文化产品为主的消费型转变。而集合了物流、资金流、客流、信息流的时尚会展，兼具服务业属性和文化属性，与现代城市的功能更新基本契合。尤其是在一些超大型城市，以时尚会展为代表的文化旗舰类项目能够在一定程度上推动城市更新，成为城市展示与文化交流的重要平台。

（二）亚洲知名时尚之都会展业发展经验

1. 亚洲“最佳会议城市”——中国香港

香港是全球第六大商品贸易经济体，其会展业对粤港澳大湾区及海外市场有着强大的影响力。得益于显著的区位优势，以赤鱲角国际机场为核心的5小时航程更是覆盖了亚洲时尚的潮流城市。香港会展业的繁荣很大程度上得益于其贸易港口的集散功能和完善高效的国际物流、信息流、资金流体系，诸多全球知名的时尚集团在香港设立业务运作中心，其中时尚服饰、潮流电子、奢侈珠宝领域的会展最为知名。

（1）拉动本地服务业经济，持续推动就业。以珠宝、时装、数码为代表的产品领域会展业服务输出是香港经济最主要的收入来源之一，其中海外游客来港消费更是对本地经济贡献巨大。香港贸易发展局每年在香港主办30多项大型展览会，其中11项是相关行业在亚洲最大的采购平台，而电子、珠宝、礼品、钟表及灯饰5项展览会，规模更是全球最大，众多海外参展商及买家都蜂拥而至，这些展览会吸引约39000名参展商及超过75万名买家来港参加。根据香港展览会议业协会委托进行的“香港展览业对香港经济的整体贡献研究”最新数字显示，2016年，会展业为香港经济带来约529亿港元（68亿美元）收入，相当于本港本地生产总值（GDP）的2.1%。2020年，香港被Smart Travel Asia Awards评选为亚洲“最佳会议城市”，并被中国旅游业界奖评选为“年度期待境外会奖旅游目的地（短途）”。

（2）配套场馆完善，一站式服务体系健全。香港有超过50个会展场地，可提供的总展览面积超过15万平方米，其中包括位于主要商业区的香港会议展览中心、毗邻香港国际机场的亚洲国际博览馆，以及位于九龙湾的国际展贸中心，其中香港会议展览中心为香港时装周的主要举办地。2008年，香港旅游发展局成立香港会议及展览拓展部（MEHK），为选择在香港举办会议及展览活动的机构提供一站式的专业支援服务。目前，香港拥有百余家展览服务商，为会展主办方及相关机构提供专业的一站式服务，除了展览会议外，服务商还协助举办会议论坛、商贸交流活动，为与会者提供市场资讯与交流平台。

（3）采取多样化手段，有效解决供应紧缺问题。在展览旺季，香港会议展览中心及亚洲国际博览馆常要面对展览面积供应紧缺的问题。自2009年起，业界开始以“一展两馆”的方式，同时在香港会议展览中心及亚洲国际博览馆举办展览，并提供免费穿梭巴士服务。例如，香港珠宝首饰展览会（9月）自2009年起采用“一展两馆”方式，效果理想，参展商及买家人数在随后数年增长强劲。一项由政府委托顾问进行的研究估计，到2028年，香港在展览旺季的会议及展览面积不足之数约达13.2万平方米。根据2021年的施政报告，香港特区政府会继续扩建会展设施，扩建亚洲国际博览馆，以巩固和提升香港作为国际会展枢纽的地位。

2.欧洲时装之都——英国伦敦

（1）文化战略引领，拉动本地时尚消费。20世纪70年代，英国确立了以服务业为核心的发展方向。1997年，英国政府明确提出发展文化创意产业，经过多年发展，其对英国GDP贡献的占比已经超过金融服务业，成为英国经济的新增长点。在“文化创意战略”的指引下，伦敦时装周作为英国文化节日中最重要且最有国际影响力的旗舰活动，成功地将英国原创设计转变为充满活力的全球产业。

伦敦时装周由英国时装理事会管理，每年春秋各举办两次。致力于推进英国时装设计的全球化，伦敦时装周自创办以来，吸引了大量业内顶尖的时尚策展人、零售商以及出版商。根据相关统计，时装业每年为英国带来约210亿英镑的收入，其中时装设计师的产品价值为7.5亿英镑。综上所述，伦敦时装周为英国经济发展做出了巨大贡献，也是伦敦市文化创意产业调整和升级的重要手段和途径。

（2）展会专业化程度高，运营规范且高效。伦敦的时尚会展业呈现高度的国际化。从展会空间划分看，伦敦的时装展览虽有大量的国外公司参展，但打破了传统会展将本国品牌与国际品牌区分出来的空间垄断，展位的划分主要依据产品类别，而非国别。从时尚会展的组织策划看，伦敦时尚会展由专业的国际会展公司全权负责，从前期的策划宣传到会展场地规划、展位销售再到展会过程中的媒体报道、订单交易，呈现高度的专业化与规范化。

（3）以推介新锐设计师为目的，帮助新人在业界立足。伦敦拥有中央圣马丁艺术与设计学院、皇家艺术学院、伦敦艺术大学和伦敦时装学院等多所时尚学府，发达的时尚教育为全球时尚产业输送了源源不断的顶级设计师，被喻为“欧洲时装界的发动机”。

伦敦时装周是很多新锐设计师选择的作品首发平台，原因在于，以时装周为代表的伦敦时装会展把推介新锐设计师作为使命，有针对地帮助新人在业界立足。因此，伦敦时装周见证了一批又一批天才设计师的诞生，不少人日后都成为全球奢侈品品牌设计师。经过多年发展，伦敦时装周形成了其独特的“非常规审美设计”风格，也培养了诸多设计鬼才。作为国际时尚会展的先锋，伦敦时装周已经成为时尚从业者与时尚学府毕业生最为期待的全球时尚盛典之一。

二、发展时尚会展业对北京城市建设的重要意义

（一）有助于增强消费对北京经济发展的基础性作用

据不完全统计，现代会展规模越大，参与人数越多，特别是海外参展商、观众数量越多，对城市的经济拉动效应越强。时尚会展业对于旅游、交通、酒店、装饰装修、餐饮等其他城市服务业均具有推动作用，不仅拉动城市经济发展，而且创造大量就业机会。

北京是我国人均可支配收入最高的城市之一，服务业对其经济增长的贡献率超过八成，是首都经济的“压舱石”，消费则是北京经济增长“第一引擎”。肩负促进消费升级的重任，北京市的消费增长正经历由依靠商品消费向商品消费、服务消费双轮驱动的转变。时尚产品作为最具关联性和带动性的消费品，兼具商品属性和文化属性，是时尚会展向普通消费者输出的最直观商品。因此，发展时尚会展能够增

加消费的有效供给，推动北京时尚消费向体验化、品质化和数字化方向提档升级，吸引更多年轻消费群体，带来消费新动能，释放经济新活力。

（二）是助力北京全国文化中心建设和北京国际消费中心城市建设的重要载体

现代会展能够在短时间内聚集大量的人流、物流、资金流、技术流、信息流，促进城市群的集聚，并在市场机制下，整合优势资源，形成放大效应。从传播学的角度看，时尚会展是一个媒体事件，是对所在城市地域文化、科技水平、居民素质、市政环境的集中展示，也是衡量城市知识密集型服务业、生活型服务业乃至政府公共管理水平的要素之一。

2020年4月，北京市发布的《北京市推进全国文化中心建设中长期规划（2019年—2035年）》提出，要建设具有国际竞争力的创新创意城市，构建具有国际影响力的现代文化产业体系和文化市场体系，着力培育文化产业发展新动能。同时，要鼓励和扶持自主设计的服装、服饰、配饰，以及珠宝、化妆品、家居、数字电子产品等高端时尚产业发展。在《北京培育建设国际消费中心城市实施方案（2021—2025年）》中，会展与体育、教育、医疗等一并成为衡量北京建成国际消费中心城市的工作目标。时尚会展作为首都北京的文化交流工具和时尚消费平台，能够撬动全球更多的优势资源与市场，尤其是与会人员的来往必将促进文旅消费快速增长、时尚消费转型升级，是北京建设全国文化中心和国际消费中心城市的重要载体。

（三）是北京打造全球数字经济标杆城市的重要抓手

当前，全球时尚产业正在面临数字化转型、智能化重塑和低碳化发展的新机遇，拥抱互联网、线上线下融合成为时尚会展业发展的趋势之一。通过科技手段增加线上服务，为参展商提供对接、邀约等服务，是对时尚会展实体展的有效补充。

2021年8月，北京提出建设全球数字经济标杆城市并发布实施方案，数字经济成为北京经济社会发展的新动能。在“十四五”开局之年，首都时尚会展业迈入了全新发展阶段，正在成为首都经济发展新的增长点。“时尚会展+互联网”的跨界融合促使线上展馆成为整个展会的重要组成部分，其优势不仅体现在展会数字平台、官方网站、App浏览量以及活跃用户数量的攀升带来的社会文化效益，更在于其对实体经济的赋能作用，有效激发时尚产业发展新动能。

三、北京时尚会展业发展概况

（一）发展基础

1. 时尚会展业起步较早，发展速度日新月异

我国的服装会展业起步于20世纪80年代。北京作为全国的文化中心，时尚会展发展较早，以大型国际会议、论坛和高技术含量、高附加价值的展览为主，无论是产业规模还是经济社会文化效益都在全国处于领先水平。

北京从1993年开始承担承办中国国际服装服饰博览会（CHIC）的重任。以打造服装品牌推广、市场开拓、财富创造的国际化一流商贸平台为核心理念的中国国际服装服饰博览会经过30年的发展，现已成为亚洲极具规模和影响力的服装服饰专业品牌展览会。1997年，中国服装设计师协会创办了国家级时装周——中国国际时装周，每年分春夏、秋冬两季在北京举办，每季涵盖时装、定制礼服、运动休闲、童装亲子装等各类时尚发布，以及专业大赛、DHUB设计汇商贸展、中国国际时尚论坛、中国时尚大奖评选等超百场专业活动。每季中国国际时装周参加品牌数量超过200个，到场观众数量超5万人次，每季全媒体总浏览量超过20亿。中国国际时装周经过20多年的发展与完善已成为中外知名时装、成衣及配饰品牌展示新设计、新产品、新技术的主流渠道和国家窗口，还是时尚品牌和设计师形象推广、市场开拓、商品交易、专业评价的国际化综合服务平台。在办好国家级时尚会展的基础上，北京聚焦城市战略定位，大力发展会展经济。2012年，北京服装纺织行业协会搭载北京国际设计周平台，创立了“北京时装设计周”系列活动，为举办“北京时装周”奠定了品牌发布基础（图4-1）。

图4-1　于王府井步行街举办的2021北京时装周闭幕盛典

图片来源：北京时装周官网。

随着国务院《关于进一步促进展览业改革发展的若干意见》（国发〔2015〕15号文）（下称《意见》）的正式发布，国家首次全面系统地提出展览业发展的战略目标和主要任务，北京市为呼应《意见》的精神，出台了《北京市“十三五”时期旅游和会展业发展规划》，其中，第二部分“北京市‘十三五’时期会展业发展规划”明确了北京会展业的总体定位，即国际会展中心城市、中国会展业的引领者、京津冀会展业的主导者。2016年，第一届北京时装周启幕，成为中华人民共和国文化和旅游部、北京市人民政府主办的北京国际设计周“时尚北京”板块的重要组成部分。2017~2020年，北京时装周陆续亮相太庙、王府井、国家游泳中心（水立方）、故宫、凤凰中心、中华世纪坛、国家博物馆、首钢园、隆福文化中心等首都文化与时尚地标，活动规模品质、社会影响力、国际化程度逐年攀升（图4-2）。2020年，《北京市推进全国文化中心建设中长期规划（2019年—2035年）》发布，北京时装周正式纳入首都规划，将在北京城市更新发展中发挥更加积极的作用。

图 4-2　在太庙开幕的 2017 年北京时装周

图片来源：中国贸易新闻网《中国对外贸易》杂志社。

经历30年的发展，北京时尚会展业已经形成了相对健全的全产业链体系，时尚会展不仅涵盖专业的专场时装发布，也包含了专业大赛、时尚论坛、新闻发布、商贸对接、创意展演、艺术展等超过百场专业活动。根据中国会展经济研究会发布的《2020年度中国展览数据统计报告》显示，北京入围“2020年中国城市展览业发展综合指数前10强”（表4-1）。

表 4-1　2020 年中国城市展览业发展综合指数 TOP10

序号	城市	展览数量（场）	展览总面积（万㎡）	境内办展主体（个）	境外展览数量（场）	境外办展主体（个）	展馆数量（座）	展览面积（万㎡）	政府主管机构（个）	线上展会数量（场）	综合指数（分值）
1	上海	305	977.6	242	—	—	9	98	6	10	353.8
2	广州	134	636.0	111	1	4	5	49	3	1	185.7
3	深圳	99	460.5	22	—	—	2	61	2	3	160.3
4	北京	89	178.0	181	1	1	9	38	6	6	137.4
5	青岛	177	249.6	67	—	—	4	60	2	1	89.4
6	济南	87	234.8	44	—	—	4	31	3	—	85.1
7	南京	238	244.8	58	—	—	4	16	4	—	81.9
8	成都	34	154	44	—	—	3	33	6	7	81.8
9	杭州	191	128.8	50	—	—	7	31	11	2	73.9
10	重庆	91	219.4	69	—	—	3	31	4	1	70.1

数据来源：中国会展经济研究会《2020 年度中国展览数据统计报告》。

注：综合指数打分标准由展览数量、展览总面积等多个指标确定，由于版面所限，笔者仅列举了部分指标的统计结果。

2. 行业引领日益突出，国际化水平不断提高

（1）开放引领方面，以中国国际时装周、北京时装周为代表的时尚会展已成为国际时尚企业“引进来”和中国本土企业“走出去”的重要窗口（表 4-2）。例如，面对突如其来的新冠肺炎疫情，2020 年的中国国际时装周借助网络数字营销技术，开辟了线上推广与直播带货相结合的营销新模式，帮助海外品牌实现全球推广与商业高效转化，吸引了来自法国、英国、美国、加拿大、日本、韩国、阿联酋、哥伦比亚、新西兰、乌克兰、挪威、墨西哥、印度和中国澳门 14 个国家和地区的 63 个优质品牌参与。

（2）创新引领方面，北京的时尚会展传播推广了时尚产业服务的新理念、新经验、新技术、新成果。爱慕、铜牛、雪莲等众多本地时尚企业借助会展平台，分享了品牌发展的新理念，高强涤纶丝经编双轴向 PVC 涂层材料、高性能纺织纤维助剂、时尚功能性服装、个性化防护口罩、医用可溶性止血材料、医卫用热风非织造材料等新技术新成果走入大众视野。

（3）融合引领方面，时尚会展为各个行业间的跨界合作牵线搭桥，促进了产业之间的相互融合，进一步推动了纺织服装产业结构优化。通过时装周等专业会展，国内外知名时尚企业与电商平台、制造业企业、金融机构等签署战略合作协议，实

现了市场需求直达车间、金融服务精准直达企业，促进了北京时尚产业全产业链的深度融合，进一步激发了首都时尚产业发展的活力。

表4-2　北京知名时尚会展类项目汇总

会展名称	举办时间	会展规模/影响
中国国际服装服饰博览会	1993~2014年，每年一届在北京举办；（2015年开始移师上海）	展出规模5.3万平方米，汇集了495家服装企业和时尚品牌参展
中国国际时装周	每年3月和10月春夏、秋冬两季，在北京举办	每季到场观众数量超5万人次
中国国际珠宝展	从2002年开始，每年一届	展览总面积达5万平方米，展位数2500多个
北京时装周	2016年启幕，每年一届	到场参与观众近2.5万人，线上直播观看总人数超过7000万，单场全网直播峰值突破830万

资料来源：笔者整理。

3.培育形成一批新平台，引领时尚产业创新发展

北京的时尚会展业在发展之初就以聚焦行业发展问题为导向，而后通过设立品牌发展基金、出台品牌管理办法、成立品牌专家委员会等方式，使传统服装企业逐渐走向前端。以北京时装周为代表的时尚会展通过前沿高峰论坛、线下云端互动的潮流发布、专业权威的时尚赛事、动静结合的展览展示，为服装服饰、文化创意、数字科技等跨界资源提供对接平台，进一步延伸时尚产业链，培育与扶植新型时尚业态，构建“东西南北中”与城市深度融合的时尚平台生态概念。另一大时尚盛会——中国国际时装周不断加大与国际国内时尚买手、SHOWROOM及商业平台、机构的合作，为设计师和品牌搭建一个贯通海内外、连接上下游的广阔的渠道平台，进一步完善了时装周商业生态体系，引领时尚产业创新发展。

近年来，北京时尚会展紧跟首都城市的发展战略。2021年，基于服务北京建设国际消费中心城市之所需，北京时装周首次与由商务部和北京市人民政府共同打造的2021年中国国际服务贸易交易会联动，正式启动未来时尚设计创新联盟，协力共促国内国际双循环和北京国际消费中心城市建设。同年3月，由中国服装设计师协会、中共北京市朝阳区委员会、北京市朝阳区人民政府、北京服装学院联合主办的“2021朝阳时尚峰会”发起了“时尚赋能高质量发展”朝阳共识，提出了“共铸新发展理念、共谋新发展路径、共建新发展格局、共享新发展成果”的共同愿景。这场时尚盛会吸引了来自政府部门、高等院校、时尚领域行业组织以及设计机构等数百人参与，与会嘉宾就“北京国际消费中心城市构建”“时尚赋能高质量发展”“时尚与科技融合、时尚企业数字化转型”“新增长点新动能培育”“北京全球时尚策源

地打造”等话题进行了深入探讨。“2021朝阳时尚峰会”通过搭建政府、机构、企业及学术界之间深度对话与良性互动的平台，探索多方合作的资源共享机制及协调发展模式，共商创新规则和创新治理，助力北京国际消费中心城市建设（图4-3）。

图4-3　2021朝阳时尚峰会

图片来源：北京市朝阳区人民政府网站。

4.公众参与度逐渐提高，互动体验不断增强

北京时尚会展业在会址选择上普遍采用“主场馆+多点互动”模式，形成时尚盛会的全城联动格局。例如，2021年的北京时装周联动张家湾设计小镇北京未来设计园区、首钢园、隆福文化中心、三里屯、王府井、望京小街、京工时尚创新园、正大中心等多个首都时尚文化地标，面向参展商、嘉宾、从业者、市民等不同群体举办多样化的展示、交流、体验等互动，设置智能穿戴、8K高清显示、VR体验、非遗展演等项目，为观众提供了丰富的可视化、场景化、沉浸式体验，公众参与度不断提高（图4-4）。

同时，北京时尚会展业充分把握数字化、智能化发展趋势，物联网、大数据、AR/VR、5G等新技术被广泛应用于参展、巡展中，通过智能大屏实现主会场与分会场的实时互动。时尚会展与自媒体、展览、广告、旅游、酒店、餐饮等行业通过互联网平台跨界融合，形成“双线会展”模式，为行业创新注入活力和机遇。

（二）存在问题

1.会展场馆及配套设施略显不足

北京市现有的展览场馆普遍单体规模较小，缺乏综合功能完备、能够举办20万平方米及以上特大型展览的场馆。由于场馆条件制约，具有一定规模的时尚品牌会

图 4-4　2022 春夏中国国际时装周在 751D · PARK 79 罐举行的融 · 潮玩造物展

图片来源：搜狐网。

展到外地举办的次数日渐增多，北展南移造成资源流失。例如，从1993年开始在北京连续举办多年的中国国际服装服饰博览会于2015年起移师上海。目前，北京时尚艺术类展览场馆及设施的供求缺口仍然较大，以798艺术区、751D·PARK北京时尚设计广场为代表的时尚会展和T台场地在时装周高峰期档期安排紧张，需要提前半年甚至一年预定。有些时尚展会考虑到成本因素和场地限制，不得不选择在商业综合体和时尚街区设立会场。

此外，北京现有时尚会展场馆及相关设施主要分布在中心城区及城市东北方向，场馆布局与城市功能不相协调。高峰时段，城区路网处于高负荷运行状态，时尚会展的交通需求与城市交通供给存在较为突出的矛盾。

2. 国际品牌参展数量有待扩展

根据新华社中国经济信息社编制的《全球时尚产业指数 · 时装周活力指数报告（2020）》，与同在亚洲举办的知名时装周相比，北京举办的中国国际时装周参展品牌数量虽领先了东京、首尔时装周，但仍与全球顶级时装周存在较大差距。2018~2020年，巴黎时装周的参展品牌数量一直保持全球领先地位，米兰、纽约与伦敦分列全球二、三、四位（图4-5）。四大时尚展会参展品牌数量多的原因一方面在于吸纳来自世界各地的高端时装品牌，新生代设计师及新兴品牌也以入围顶级时装周为目标；另一方面是顶级时装周对新兴时装市场开放的结果。因此，无论是北京时装周还是中国国际时装周，都需要吸引更多知名品牌和新生代海外品牌的参与，扩大国际影响力的同时，打开国内市场。

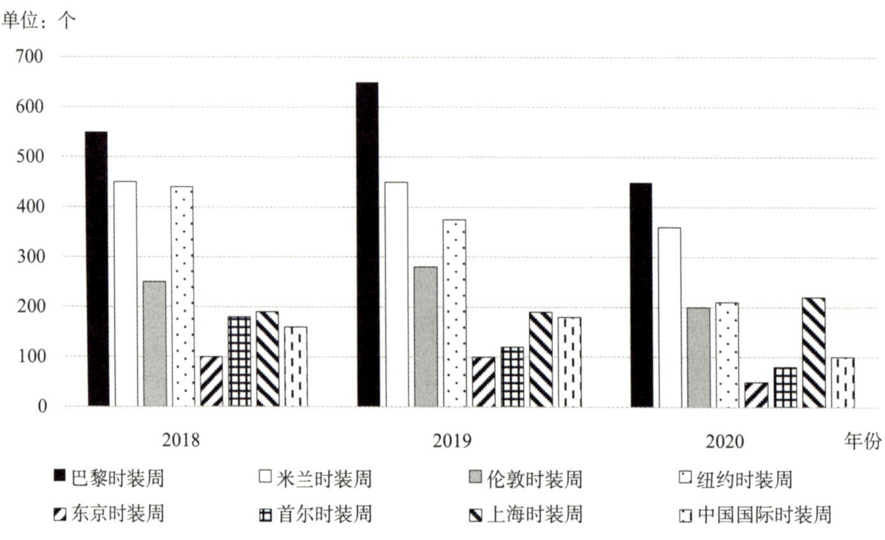

图 4-5 时装周参展品牌数量（2018—2020 年）

图片来源：全球时尚产业指数·时装周活力指数报告。

3. 传播内容与关注程度不够均衡

时尚会展作为一个媒体事件，社交媒体传播效果与公众关注程度是衡量其水准的重要指标之一。当下，全球顶级时装周开始注重采用数字化手段延展传播效果，创新运营模式，吸引更多群体关注。一项基于全球知名时装周的微博话题调研显示：除上海时装周、米兰时装周、伦敦时装周和东京时装周外，纽约时装周、中国国际时装周、首尔时装周和巴黎时装周中传播热度较大话题均与明星有关。其中，纽约时装周和中国国际时装周最为突出（图4-6）。

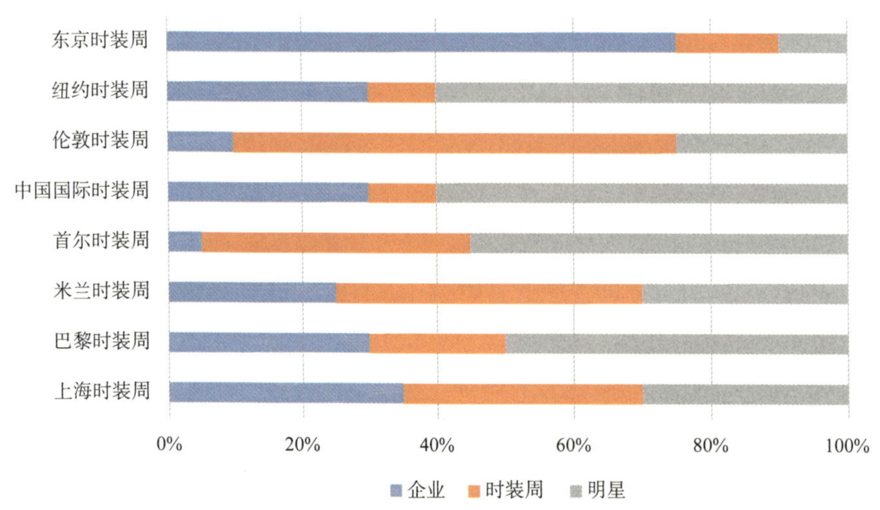

图 4-6 2020 年部分样本时装周内容话题分布对比

数据来源：全球时尚产业指数·时装周活力指数报告。

与其他时装周媒体传播热点聚焦于活动本身不同，在北京举办的中国国际时装周微博热度较大的话题局限在明星艺人领域，对于参展品牌以及时装周本身的热度不够，话题在传播内容方面不够均衡。这从一定程度上说明大众和时尚企业对于北京时尚会展活动的关注程度还需进一步增强。

四、全球数字经济标杆城市建设背景下北京时尚会展业的发展对策

尽管全球新冠肺炎疫情仍存在不确定性，时尚行业需要面对疫情防控常态化下消费心理和行为的转变、产业体系自身的价值链重塑等诸多未知和挑战，但随着北京时尚消费市场的逐步复苏、时尚企业数字化转型的步伐加快，时尚会展业的发展依然充满机遇。

当前，数字经济已上升为国家战略，成为“十四五”期间经济增长的新引擎。由北京市科学技术研究院、社科文献出版社共同发布的《北京高质量发展报告（2021）》指出，数字经济正在成为北京新经济的主引擎。加快时尚会展的数字化转型升级，积极应用5G、大数据、人工智能等技术，推动线上线下融合发展，是当前北京时尚会展业发展的必要举措，也是北京建设全球数字经济标杆城市的重要抓手。

（一）构建会展数字化渠道，加速数字化战略改革

在过去两年，主动拥抱数字化技术的时尚会展成功得到了快速响应和反馈。因此，构建数字化渠道和加速时装周的数字化战略改革对于未来北京时尚会展业的高质量发展尤为重要。

（1）积极推进时尚会展模式创新。鼓励主办方运用互联网、大数据、VR虚拟现实等现代信息技术举办“线上+线下”双展会，承接线下展会的组织管理、综合运营工作，确保展会开展效果最大化。

（2）在现有的时尚会展产品中开拓数字产品与服务内容，实现“云展厅”“云招商”“云签约”。北京作为国家文化和旅游消费试点城市，拥有大量的时尚展会参展需求，但受新冠肺炎疫情的持续性影响，线上展会的需求呈日趋增长趋势。时尚会展服务商应紧扣展会主办方、参展商、采购商的核心需求，利用数字化技术对展会人、物、场进行创新组合，实现线上时尚展会空间仿真化、营销数字化、商品虚拟化、交互可视化、传播网络化、过程产出可视化，为观众提供智能化观展路线，通过浏览3D展台菜单导航等与时尚展品实时互动。

（二）推动传统展会转型升级，创新商业化发展模式

不可否认的是，线下会展仍是时尚企业实现品牌对接交流和观众完整体验的首选渠道。当前，短视频和直播用户规模爆发式增长，线上内容消费强劲，为北京传统时尚会展的商业化路径提供了庞大的流量基础。对于参加时尚会展的企业、设计师以及时装品牌来说，社交媒体已成为产品最重要的推广阵地。因此，北京的时尚会展应努力提高时尚企业和普通观众在社交媒体对展会的关注度。

（1）在时尚会展前，充分利用社交媒体与观众和时尚品牌的忠实粉丝们互动，策划关注及转发资讯赢秀场门票等活动，拓展时尚会展的知名度及普通观众对时尚品牌新品的预期。

（2）充分利用社交渠道为企业与用户提供后台资讯，以幕后揭秘的方式吸引受众。包括与消费者直接分享独家秀场实况、通过点击图片观看幕后细节，如首发照片，模特妆容、配饰等。

（3）采取多样化的社交策略实现参展企业与消费者的有效互动。积极利用时尚品牌的自有渠道以及时尚达人在社交媒体的影响力，提高时尚会展在社交媒体的关注度、点赞量，把消费者对时尚品牌的忠诚度转化为购买力，实现流量变销量。

（三）支持展馆相关配套建设，做好现有场馆智能化改造

（1）对现有会议展馆展开科学合理评估，综合考虑建成年代、区位、客流、承办会议级别等因素，对大型场馆在原址进行升级改造，对中小型场馆进行多用途划分和再利用，因地制宜引入小型时尚推介会、社区时尚秀等活动。

（2）加快推进北京新国展二期、三期项目建设，升级现有会场的相关配套及服务保障，如网络覆盖升级、5G+8K等新技术应用等。

（3）借鉴国际时尚之都的先进经验，有选择地对北京现有文化创意园区、工业园区进行内部改造，打造艺术光影秀场、工业罐区等个性化场馆。

（四）大力培养专业化人才，充分发挥首都资源优势

北京时尚会展业的可持续发展离不开专业的人才支撑。拥有诸多时尚高等学府的北京应充分发挥资源优势，搭建政府、机构、企业及专业院校之间深度对话与良性互动的平台，探索多方合作的人才资源共享机制及协调发展模式，助力国际消费中心城市和全球数字经济标杆城市建设。例如，“2021朝阳时尚峰会”就是朝阳区人民政府和北京服装学院签订战略合作协议后落地的首个大型时尚盛会，目前已在人才孵化、人才共育、人才共享方面取得了显著成效，做法值得借鉴。

1.打造会展专业人才队伍

构建北京时尚文化类会展的“政、校、企、协”从业人员联合培训机制，实施

时尚会展业高质量发展培训计划，选择重点展馆和有代表性的时尚展览开展校企会展联合实训。对开设“会展经济与管理”专业的首都高校，加大支持力度，提高人才培养能力，强化本土人才储备与产业国际化。

2. 成立北京时尚会展专家智库

依托清华大学、中央美术学院、北京服装学院等高校、中国纺织工业联合会等行业协会、首都会展集团等专业机构和北京时尚控股集团等龙头企业，成立北京时尚会展专家智库。充分发挥在京时尚企业在产业落地、资金方面的优势，发挥高校在战略研究、人才培养、产业服务等方面的优势，促进政、产、学、研的深度合作。

3. 做好后冬奥文章

全力办好全球数字经济大会、世界5G大会等活动，培育引进更多国际知名时尚品牌展会。加强与国际化资源的合作，培育京西示范区的体育时尚展览，统筹各类“园中园”和零散空间，增强国际文化、体育时尚交流等功能，持续擦亮“双奥之区”金名片。进一步巩固“体育+时尚”产业优势，打造以冰雪为特色的城市时尚新兴体育基地，推动各方优势资源转化为协同发展的强大动能。

（刘雅婷　北京服装学院时尚研究院
陈文晖　北京服装学院时尚研究院）

参考文献

[1] 黄玉妹 . 我国现代会展业的功能研究 [D]. 福建师范大学，2011.

[2] 张玉斌 . 服装企业供应链库存管理研究 [D]. 苏州大学，2008.

[3] 刘萍，董笑妍，郭春花，徐长杰，李江敏，王振宇 . 绽放！未来中国需要时尚引擎中国国际时装周（2019/2020 秋冬系列）举办（上）[J]. 纺织服装周刊，2019（11）：18-21.

[4] 陈文晖，刘雅婷 . 香港时尚产业发展研究 [J]. 中国纺织，2018（7）：138-141.

[5] 郑慧敏 . 英国时装秀发展历程研究 [D]. 北京服装学院，2012.

[6] 王慧 . 北京市服务性消费发展及服务零售创新研究 [J]. 商业经济研究，2017（24）：147-149.

[7] 刘玉洁 . 北京服装创意产业发展研究 [D]. 北京服装学院，2012.

[8] 积极应对展览业增长放缓趋势 [J]. 北京观察，2012（7）：34-35.

[9] 梁瑜薪，肖彬 . 浅析“时装周现象”背后的经济效益 [J]. 纺织服装周刊，2017（41）：38-39.

第三篇

主题报告

第五章　国内外数字时尚发展经验与启示

数字时尚是一个近几年才出现的新兴概念，它是数字科技和时尚产业相结合的产物，涉及范围较为宽泛，主要包括两类，一类是传统实体时尚产业的数字化，即实体时尚产品的数字化制造、展示和线上交易等，又称服务于实体的数字时尚；另一类是基于AR/VR、区块链等数字技术，让用户在虚拟世界中通过虚拟形象表达自我的虚拟时尚，并不生产实体产品。服务于实体的数字时尚，大幅提升了时尚行业内部的生产、流通和管理效率，尤其是全球新冠肺炎疫情以来，时尚产业的实体经济遭受重创，以纺织服装为代表的数字化生产、销售得到空前发展，加速了时尚产业向数字化的转型。生产数字形式的虚拟时尚是由The Fabricant公司在2018年创立时所提出的概念，一般包含虚拟时装秀、虚拟偶像和虚拟穿戴等。数字时尚可以说是数字艺术的完美呈现，并且随着数字技术在时尚领域中得到广泛应用和不断发展，时尚行业由此产生了巨大的变化。

一、数字化对时尚产业的影响

（一）数字化全面引领时尚产业跨界和创新

1. 加速产业跨界融合

数字时尚代表了人们一种尝试新思维、新文化、新视角和新生命的消费和生活方式。数字化时代的到来，加速了工具的变革，引发时尚要素的重新整合。数字化使时尚品不局限于传统固有的形式，与科技、文化、创意等融合发展，没有边界，没有约束，世间万物皆有可能。

2. 改变传统商业模式

时尚领域与互联网技术、人工智能等新兴科技领域进行的各种形式的跨界，为整个时尚产业的发展带来更大的商业价值，改变了传统的商业模式。数字化改变了产业各节点和各角色的关系，使生产者和消费者建立直接、长期和高频次的联系和互动，这种全新的销售模式改变了传统的商业和零售模式，形成了前所未有的销售新场景。数字化极大地降低了信息的不对称性，有效地提高了供需双方的适配程度，构建了全新的竞争格局。

3. 催生虚拟时尚新物种

随着元宇宙概念的提出和应用，尤其是VR技术和AR技术在时尚产业的广泛运用，时尚产业衍生出全新的时尚产品类型——虚拟时尚产品，由于其更容易被收藏、保存和传播，使得时尚产业更富前瞻性、前沿性和创意性。从某种程度上说，数字化创造了全新的时尚新物种，为时尚产业发展带来新的突破口。

（二）数字化为社会带来全新时尚体验

1. 提升大众时尚设计参与度

数字化加强了跨学科、跨领域的人群交流与协作，为时尚设计的多样化和创意化带来了更多的可能性。基于生产者和消费者之间直接、高频次的互动和联系，企业可以通过和消费者的数字交流，感受消费者喜好和消费理念，从而完成数字时尚创造，也就是说所有消费者都变成了时尚设计者。数字化社交平台的介入，使设计师可以快速通过数字化手段捕捉消费者的兴趣和需求，并迅速将其转化为设计产品。数字技术成为时尚行业乃至各行各业发展的“新基建”与“新能源”，使产业中各节点、各角色的联动性加强，改变了以往传统时尚行业单点突破的思维局限。

2. 满足消费者个性化需求

当前基于大数据，以用户为中心的个性化定制在时尚产业渐成趋势，从而形成以消费者需求为主导的价值共创体系。数字化将原来标准化的规模生产和个性化定制有机结合在一起，人工智能和机器学习可以让时尚企业为每个市场甚至每个客户提供精细的个性化产品。一是人工智能能够通过数据交换和柔性化的智慧生产线，直接按照客户要求设置订单程序和参数，从而生产出独一无二的产品；二是重视个性的满足和精神愉悦成为消费者的愿望与需求，通过O2O协同来开发管理客户关系、优化顾客的消费体验并提升品牌高度；三是依托云数据和云制造，在流水线上实现个性化定制，实现点对点的个性化供应。

3. 赋予时尚趣味和社交属性

数字营销带来新的消费体验，如时尚产品和游戏、网红合作，通过游戏植入、虚拟试穿等手段，增强了营销的趣味性和互动性（图5-1）。尤其是AR技术（增强现实）在时尚中得到广泛的运用，有效地连接了虚拟与现实之间的鸿沟，为消费者带来了全新的体验。著名化妆品品牌CHANEL（香奈儿）自主研发推出了虚拟试妆App（图5-2）。LVMH集团旗下男装品牌Berluti在京东开启旗舰店的同时，也借助京东的AR技术开启了AR智能试穿功能，顾客只需将手机摄像头对准脚部，即可看到鞋履上脚效果，点击3D展示按钮，更可360°翻转查看鞋面及鞋底细节。AR技术的运用能够将用户的好奇心、兴趣、现场感与购买欲结合起来，在虚拟与现实之间形成趣味性联动，在数字时尚的营销范畴中优势显著。此外，数字时尚具有很强的

图 5-1　BALENCIAGA（巴黎世家）通过游戏发布服装展示

图片来源：界面新闻。

图 5-2　香奈儿推出的虚拟试妆 App 及 Berluti 品牌 AR 体验

图片来源：知乎、新浪网。

社交属性，许多互联网企业注重网络身份投资，在社交媒体平台上通过数字时尚表达自我，极具创新性和表现性。

（三）提升了时尚产业的管理水平和效率

1. 提升企业智能制造效率

时尚产业中最为核心的纺织服装业的数字化，被广泛称为继精益生产、外包加工和自动化之后制造业的第四大转型。数字技术不仅提升了生产效率，优化并加快了生产流程，提升了加工制造的准度和精度，实现了企业效益的增进，还有助于扩充和丰富时尚企业的产品线，提高终端用户选择的广度和深度，更大程度地提升消费者的效用，带动整个产业的智能化发展与价值链创新。

2. 业务流程数字化提升管理效率

数字化不仅能够提高效率，满足客户的期望，而且能够加快其他领域的业务流程数字化。企业可以通过开发和使用管理信息系统来提升管理水平和交易效率。此外，供应链的数字化可以帮助时尚企业通过提高组织和生产的效率来获得更大的利润和生产力。

3.数字化让生产者直接掌握市场需求

数字经济使现代社会的沟通变得更为扁平和快捷。企业可以越过中间商环节，通过数据直接掌握消费者需求并实现精准对接。米兰理工大学设计学院教授保拉·贝尔托拉（Paola Bertola）在谈及时尚产业4.0的生态框架时指出："时尚产业的未来是以智能工厂、智能产品和智能网络为内核，并向着双向设计化、虚拟化、分散、模块化、面向服务和实时功能六种创新原则和设计转变。"未来拥有数据资源将成为时尚企业的一大竞争优势。

（四）数字化加速了时尚产业向循环经济转型

1.数字化降低了时尚产业环境污染

根据《时装商业评论》（*Business of Fashion*）在《2020年全球时尚业态报告》中的数据，时尚制造业的碳排放量达到了地球温室气体排放量的6%，是仅次于石油产业的第二大污染产业。而且部分时尚产品往往使用周期短、更新换代快，丢弃后易造成二次污染，数字化能够节约资源，降低环境污染程度。

2.数字化能降低时尚产业流通成本

传统时尚产业需要人工实体打样和产品跨国运输，这些都为行业增加了巨大的成本，数字化能降低成本、提升效率，通过网络技术远程协作，将世界串联起来，对设计、制作、修改等环节因地制宜，可有效缓解实体时尚的发展与地球承载力之间的矛盾，从而实现可持续化发展。尤其是虚拟时尚本身作为数码产品，不涉及资源使用，也不会污染环境。

二、我国数字时尚发展现状及经验

（一）我国数字时尚产业现状

数字技术改变了时尚产业的经营方式，新冠肺炎疫情加速了产业变革，数字时尚得到前所未有的发展。据麦肯锡*The State of Fashion Technology*统计，2020年电子商务在全球时尚销售中的份额较2018年几乎翻了一番；2021年全球虚拟商品支出达到约1100亿美元，是2015年总额的两倍多。预计到2025年，电子商务将占全球时尚销售额的1/3，美国和中国分别达到40%和45%。同时，据2021年时尚电商报告数据显示，全球服装、配饰和鞋类的线上市场规模达到7595亿美元，预计在未来5年内，时尚电商将以7.18%的复合年增长率增长，达到1万亿美元的市场规模。我国是全球最大的时尚品类消费国家，且2020年我国市场规模超过美国、英国、日本、德国的总和（表5-1）。经过二十多年的发展，我国以电子商务为代表的数字时尚产业发展壮大，尤其是在新冠肺炎疫情期间依托强大的制造体系、完整的供应链及电子商务，表现出强大韧性，为经济社会发展起到顶梁柱作用。目前我国已在上海、北京、杭州、深圳、广州等多地形成数字时尚产业集群。

表5-1　2020年各国时尚市场规模

国家	中国	美国	英国	日本	德国
规模（亿美元）	2843	1265	325	239	225

数据来源：雨果网。

1. 国家政策支持数字时尚产业发展

党的“十八大”以来，党中央高度重视发展数字经济，将其上升为国家战略，从中央到地方自上而下制定发展规划、出台鼓励政策为数字经济发展营造了良好的政策环境，鼓励数字经济发展新产业、新业态和新模式。我国政府对数字经济秉承着包容宽松的监管态度，政府、企业、民众对发展数字经济的认识较为统一。“十三五”期间，我国数字经济年均增速超过16.6%，已经成为不可忽视的经济增长引擎。2021年我国数字经济规模达45万亿元，位居世界第二。根据国务院印发的《“十四五”数字经济发展规划》，到2025年，我国数字经济核心产业增加值将占生产总值比重达10%。以纺织服装为代表的数字时尚产业在支持抗击新冠肺炎疫情、恢复生产生活方面发挥了重要作用。

2. 构建综合性时尚在线交易平台

近年来，我国注重培育数字时尚市场主体，积极引导移动支付、电子商务、直播微商、共享经济等核心领域企业规范发展，培养出一大批走在世界前列的数字时尚平台企业，如京东、字节跳动（抖音）、美团、拼多多、一号店、淘宝、唯品会、百布（ToB）等，而且形成了上下游中小企业配套发展的产业生态，为数字时尚产业发展提供支撑。天猫早在2015年就举办了全球规模最大的互联网时装周，2021年双11天猫交易额达5403亿元，同比增长8.45%，其中，2018~2020年交易额增速为分别达到24%、28%、85.62%，天猫已成为目前服饰行业回暖、增长的核心引擎（图5-3）。

3. 筑牢数字基础设施建设

数字时尚的典型特征是网络外部性，数字基础设施是推进数字时尚发展行稳致远的关键抓手之一。长期以来，我国政府发挥集中力量办大事的制度优势，克服数字基建投资大、周期长的困难，先于其他国家加快构建先进网络基础设施和数据智能基础设施，同时还围绕数字产业集群发展要求，注重强化产业链基础设施建设，

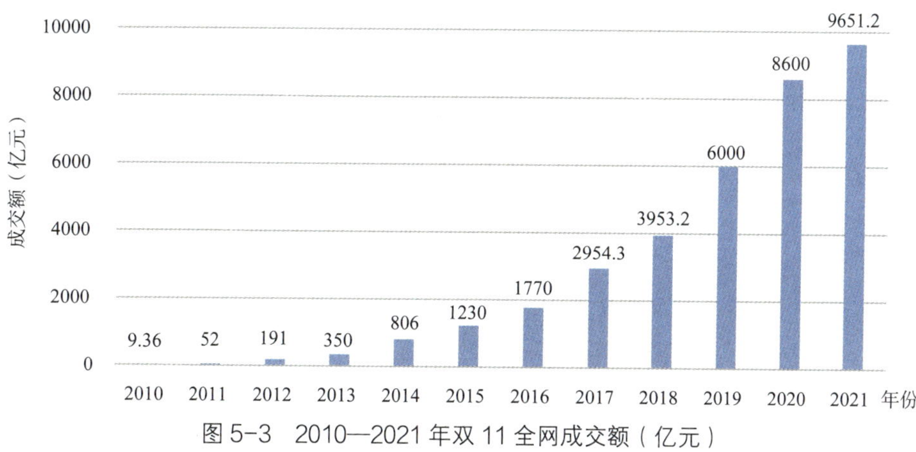

图 5-3　2010—2021 年双 11 全网成交额（亿元）

数据来源：范小错。

推进我国数字基建整体水平的跨越式提升，使数字基础设施建设成为激发数字时尚产业发展的“主引擎”，为数字时尚生态体系的发展完善奠定了基础。《中国互联网络发展状况统计报告》显示，截至 2021 年 12 月，我国网民规模达 10.32 亿，互联网普及率达 73.0%，其中，网民使用手机上网的比例达 99.7%。

4. 大力优化数字时尚消费环境

我国拥有 14 亿人口所形成的强大内需市场，各种数字应用渗透率都位于世界前列，数字时尚消费者数量庞大，为数字时尚企业提供了巨大的消费市场。同时，我国注重发挥内需市场优势，不断制定和完善刺激数字时尚消费政策。例如，加快数字时尚城市建设，培育新型时尚消费领先示范企业，组织线上时尚消费活动，优化电子商务网络体系，畅通数字时尚消费堵点，利用数智化手段发放消费券促进消费回暖等。近年来，商务部、农业农村部等多部门出台政策，扩大电子商务进农村的覆盖面，健全农村商贸流通体系，促进农村消费。《2021 全国县域农业农村信息化发展水平评价报告》指出，截至 2020 年年底，全国已建有电商服务站点的行政村共 40.1 万个，共建有电商服务站点 54.7 万个，行政村覆盖率达到 78.9%。与此同时，深化“放管服”改革和包容审慎监管，大力开展放心消费创建活动，完善平台经济消费者权益保护规则，营造线上和谐消费环境。

（二）主要城市发展数字时尚产业的措施

经过多年的发展，北京、上海、深圳、杭州等多地已经在数字经济和时尚产业领域走在世界前列，尽管各地基础、优势不尽相同，但总体来看主要得益于政策支撑、平台和企业带动、文化兼容并蓄等。

1. 北京市支持数字时尚产业发展的主要措施

（1）发挥政府统筹规划作用，建设全球数字经济标杆城市。市政府高度重视，明确了建设全球数字经济标杆城市的目标，为数字时尚产业发展指出了明确的方向，鼓励和扶持自主设计的服装、服饰、配饰等高端时尚产业发展，培育时尚设计、时尚消费、时尚休闲、时尚会展、时尚商圈等新业态，延长时尚产业链，构建时尚产业生态圈。政府制定数字经济发展战略，构建“数字基建—数字交易—数字平台—数字场景”于一体的数字经济新生态，使政府政策、产业联动和人才聚集形成良性互动，加强了数字经济发展的协同性、针对性和可持续性。

（2）聚集全球领先的数字基础设施、数字经济龙头企业、人才，建设全球数字基础设施新高地。北京5G基站建设全国领先，每万人5G基站数全国第一、人工智能领域企业数量位列全球第一、工业互联网注册量全国第一、区块链企业数量全国第一，为数字时尚产业发展提供了广泛的应用场景和庞大的市场需求。聚集一批全球数字经济标杆企业。瞄准世界一流，培育一批数字标杆企业，集聚了一批头部信息技术企业，如美团、字节跳动、小米、百度、京东等上市公司，形成强有力支撑。北京吸纳全球人工智能、时尚创意、经济管理、法律等高端人才，为数字经济和时尚产业发展提供人才支撑。

（3）举办世界时尚活动，搭建数字时尚文化载体。充分发挥全国文化中心的优势，借助故宫等系列文化地标举办“北京时装周”以及配套官方展会，通过设计带动时尚，以时尚促进消费，不断提升北京时尚品牌价值和传播影响力。依托数字技术举办“云上时装周”、线上“北京时尚嘉年华”活动，成功实现线上营销。推动老字号企业加速数字化转型，实现“触网”、直播销售，打造“老字号+国潮”为特色的传统文化消费圈。

（4）建设国际消费中心城市，提振北京消费市场。借助自由贸易试验区政策，打造数字经济试验区。致力于建设国际消费中心城市，出台《北京培育建设国际消费中心城市数字消费创新引领专项实施方案》，集聚优质品牌首店首发、打造全球首发中心，升级传统商圈，建设新兴商圈，积极打造千亿规模国际级商圈，推动消费提质升级。北京市政府发放电子消费券等系列政策措施，极大提振了首都数字时尚消费市场，推动了时尚经济圈和首都经济的快速发展。聚焦数字经济和数字贸易的发展，分解《中国（北京）自由贸易试验区总体方案》中关于数字经济的重点任务，制定明确的线路图进行督导，全力打造具有国际竞争力的信息产业和数字贸易港。

2. 上海市支持数字时尚产业发展的主要措施

（1）成立时尚之都促进中心。上海时尚之都促进中心是由上海市经济和信息化委员会指导，由东华大学、上海纺织（集团）有限公司等多家单位发起成立的非营利性社会组织。中心按照上海宏观经济发展战略决策部署，以促进上海时尚之都建设和提升中国时尚产业水平为总体目标，承载时尚产业以及相关产业链的资源整合与服务，目的是建设符合上海国际大都市和国际文化创意产业发展所需要的时尚产业开放性服务平台。

（2）大力发展文化创意产业。成立上海市文化创意产业推进领导小组，制定全市文化创意产业发展规划、政策，协调推进文化创意产业发展等。近年来，上海市围绕推动全球影视创制中心、艺术品交易中心、亚洲演艺之都、全球电竞之都等建设，加快推进文化创意产业发展。2020年，上海文化创意产业总产出逾2万亿元。其中，在线新经济成为最大亮点，互联网和相关服务业、软件和信息技术服务业逆势上扬，同比分别增长18%和12.5%，占文创总收入的28.4%，已成为拉动上海文创产业发展的强有力引擎。

（3）率先制定“首店经济”目标，出台政策支持时尚消费。上海在2018年率先提出打造首店经济的目标，使淮海中路、南京东路、新天地、BFC外滩金融中心等各大商圈成为多数首店的入驻首选，形成了全方位、多层次的首店经济新格局。《2021中国首店经济发展报告》显示，2019~2021年上半年，上海在首店数量方面稳居全国第一，形成在规模、层次、品类和活跃度等方面全国领先的时尚品牌生态。近年来上海出台一系列重要的政策举措，尤其是《上海市国民经济和社会发展第十四个五年规划和二〇三五年远景目标纲要》明确提出打造“3+6”产业体系，将时尚消费产业首次列入支撑未来上海发展的六大重点产业之一。在此基础上，上海市经济和信息化委员会在2021年发布《上海市时尚消费品产业高质量发展三年行动计划（2022—2025年）》，明确产业发展路径、发展重点和政策举措，目标是到2025年，上海市时尚消费品工业总产值达到3600亿元。

（4）优化营商环境，吸引数字龙头企业入驻。上海始终高度重视国际营商环境的优化提升，尤其重视外资引进相关政策制定，对接高标准的国际投资贸易规则，出台了一系列符合国际惯例的先行先试制度。当前上海成功集聚了百度、IBM等电子信息企业和亚马逊、微软等知名云服务商在上海设立地区总部或运营、研发中心。上海庞大的大数据企业规模和广泛的涵盖领域，充分促进了上海数字经济相关产业链、业务链、创新链深度融合发展。

（5）打造“建筑可阅读”文化品牌。为加大老建筑的开放力度，改变“牌子好挂门难进”状况，上海市自2018年起启动“建筑可阅读”工作，只要用手机扫一扫，建筑的年代、风格及相关延伸服务内容等都能一目了然。在此基础上，逐步从简单的扫码了解建筑本身向根据建筑特色开发文创产品方向延伸，至今已有上百种与“建筑可阅读”相关的文创产品面世，真正实现了从传统建筑资源到时尚文化产业的转换。

3. 深圳市支持数字时尚产业发展的主要措施

（1）注重顶层设计。《粤港澳大湾区发展规划纲要》《关于支持深圳建设中国特色社会主义先行示范区的意见》提出支持深圳发展时尚文化产业，加快建设具有全球影响力的创新、创业、创意之都。深圳坚持问题导向，致力于打基础、谋长远，出台《深圳市时尚产业高质量发展行动计划2020—2024年》，重点实施创新能力提升、工业设计提升、品牌国际化、知识产权保护与激励、时尚产业集聚、国际化拓展、高端人才培养七大工程。2021年出台的《深圳市时尚产业发展规划（2021—2025年）》提出七大主要任务：建设世界级时尚产业集群、打造国际时尚消费中心、提升创意设计国际影响力、促进时尚品牌全球化发展、推进时尚与科技创新融合、提升国际化经营管理能力和完善产业发展支撑体系。相关规划或者计划都提出了若干项具体任务，每项任务都是一个创新点、突破口，其中不乏重大项目。

（2）构建多元时尚（文化）产业体系。深圳市已经培育起创意设计、动漫游戏、文化旅游、高端印刷、黄金珠宝、文化会展等多个具有较强竞争优势的时尚（文化）行业，初步构建了较为完备的现代时尚（文化）产业体系。深圳是中国第一个被联合国教科文组织评为“设计之都”的城市，工业设计规模位居全国前列。深圳是全国重要的服装基地，女装占据全国引领地位。钟表产业链较为完备，精密制造能力较强。黄金珠宝首饰行业发展成为国内的制造中心、交易中心及信息中心。美容美发美妆在全国占据龙头地位并发挥标杆作用。家居、皮革、眼镜、工艺美术品等逐步迈向产业链价值高端。此外，深圳还通过产业融合，积极推动发展“文化+科技”“文化+创意”“文化+金融”“文化+旅游”等新模式、新业态，使其成为时尚文化产业新的增长点。

（3）搭建时尚文化产业平台。作为全国首批文化体制改革试点城市，深圳充分利用市场经济较为成熟、高新技术发达、产业资本活跃等优势，积极搭建时尚文化产业发展平台。近年来，文博会、文交所、国家文化创意产业投资基金、对外文化贸易基地、国家版权交易中心、数字出版基地等国家级产业发展平台纷纷落户深圳，成为促进深圳文化产业发展的重要助推器。

（4）独有开放包容成熟的发展环境。40年来，深圳实现了从“文化沙漠”到“文化高地”的巨变，形成了开放多元、兼容并蓄的城市文化和敢闯敢试、敢为人先、埋头苦干的特区精神，为时尚产业发展提供了强有力的支撑。市场化、法治化、国际化营商环境持续完善，国内外高端时尚资源加快汇聚，为时尚产业发展营造了良好的发展环境。

4. 杭州市支持数字时尚产业发展的主要措施

（1）抓好顶层设计优化营商环境。政府抓好顶层设计规划，同时加大配套政策支持力度，例如，出台支持直播电商产业高质量发展专项政策，构建直播电商完整产业链。深入贯彻“最多跑一次”要求，为时尚企业、设计人才提供订单式、个性化服务。

（2）建设城市大脑，打造全国“数字治理第一城”。杭州市通过数据大脑应用领域、应用场景、数据驾驶舱建设，积极打造“全国数字治理第一城”，全面推广数字化应用。

（3）举办重大活动，引入高级别平台、人才、企业总部。举办“中国时尚大会——全球峰会”，扩大国际影响力，为打造全国数字时尚引领地、传统产业转型示范地、时尚企业发展创新地注入新动能。与四大国家级行业协会开展战略合作，共同打造世界级时尚小镇。全面招引设计行业顶尖人才、数字化标杆企业、国内领军潮流品牌等落户杭州。

（4）通过数字赋能提升产业创新水平。建立起浙江省服装产业创新服务综合体，通过“线上一张网+线下多园区协同”的运营模式，改变传统生产型企业低小散的情况。引入首个中国服装科技创新研究院，强化产业链发展的研究、展示和企业辅导。鼓励区域内大型企业建立集线上线下设计、制造、供应、销售功能为一体的创新平台，积极为客户提供时尚产业链全套解决方案。

5. 温州市支持数字时尚产业发展的主要措施

（1）规划整合时尚产业链。制定科学的发展规划，明确产业定位和“时尚之都”建设目标，走产城融合发展道路。出台《关于发展时尚产业建设时尚之都的决定》，通过龙头带动重大项目建设，构建时尚商业网络体系，打造时尚产业集聚区。整合时尚产业链，提升时尚产业集聚度；加大创意环节投资比重；加快会展、传媒等时尚配套产业发展；培育重点企业，鼓励企业向总部型企业转变。

（2）搭建招商平台吸引温商回乡创业。规划建设温州商会大厦、温州人家园、国际时尚产业综合体，为海内外人才回乡创业提供平台。建设信息服务平台，推进“以商招商、以商招资、以商引才”。

（3）提炼时尚文化，聚集时尚人才。组织开展国内外有影响力的时尚活动，以浙洽会、博览会、国际服装节为载体开展设计交流活动。引导和支持时尚产业专业网站、专业杂志、电视栏目加快宣传和国际传播。把紧缺时尚人才纳入人才计划重点引进对象，通过校企合作、国际合作培养国际视野人才，接轨国际潮流。

6. 于都县支持数字时尚产业发展的主要措施

（1）五位一体科学布局，促进产业转型升级。聘请知名机构编制产业规划，将时尚产业作为首位产业，把各项资源集中到为首产业上来，出台符合行业特点、具有比较优势的扶持政策，走产业集群发展道路。成立了37支专业招商队，实现与其他地区产业集群的精准对接，打造产业公共平台，通过优化产业配套降低综合成本，为企业营造良好环境。

（2）搭建数字人才平台，强化科技支撑。大力引进数字时尚领域具备国际视野和管理经验的高层次人才。鼓励学校围绕产业发展需求开展课程设置，并通过“校企合作”为学生提供实习基地。以数字技术为核心，打造智能化、网络化的平台，提升平台和使用的便捷性。组建数字经济发展研究中心，下属纺织服装研究院，形成数字时尚产业创新创业新引擎。与江西服装学院等国内知名服装院校逐年加强深度合作，强化人才支撑。

（三）各地支持数字时尚产业发展的经验

1. 高度重视，构建规划方案、配套政策及督查激励体系

北京、温州等地高度重视、超前布局，明确将城市发展定位和数字时尚产业联系起来，并专门制定时尚产业政策体系。例如，北京要建设数字经济标杆城市、消费中心城市、数字贸易港，温州明确要建设“时尚之都”，并给予人才、税收、招商引资等全方位“接地气”政策，如上海、北京实施的“首店经济”模式。

2. 搭建平台，实施龙头企业带动，注重全产业链发展

多地通过成立非营利性质时尚促进中心、时尚产业综合体等搭建平台，聚集电子商务、数字经济龙头企业，成立时尚创新综合体，专门解决产业链堵点、难点，提供产业链全套解决方案。上海成立非营利性社会组织——上海时尚之都促进中心，建设符合上海国际大都市和国际文化创意产业发展所需要的时尚产业开放性服务平台；浙江温州通过建立时尚产业综合体、温州家园等信息服务平台以商招商。北上广深聚集了数字时尚平台企业，北京有京东、字节跳动（抖音），广州拥有唯品会，上海拥有拼多多，此外还吸引了百度、IBM 等电子信息企业和亚马逊、微软等知名云服务商在上海设立地区总部或运营、研发中心。产业链方面，浙江成立服装产业创新服务综合体，专门解决产业链小、散、弱的问题，引入首个中国服装科技创新研究院，为客户提供时尚产业链全套解决方案。

3. 营造包容环境，构建数字基建硬件，构筑产业生态

北京、深圳、杭州聚集全球领先的数字基础设施，为数字时尚提供了广泛的应用场景和庞大的市场需求。数字时尚发达城市多接轨国际潮流，常年举办国际性时尚活动，如杭州的“中国时尚大会——全球峰会”、上海国际时尚展览会、北京的“北京时装周”、浙江的浙洽会和博览会等，通过活动吸纳全球设计大师等国际视野和领军人才，提升国际影响力。此外，这些地方大都注重时尚文化培育，形成了包容、开放、多元、兼容并蓄的城市文化。

三、我国数字时尚面临的问题与挑战

（一）数字时尚创新的整体质量不高

以服装为主体的时尚产业是我国国民经济和社会发展的支柱产业，面对新冠肺炎疫情冲击，时尚产业通过数字化手段表现出了强大的韧性，但总体看，我国数字时尚重点集中在数字营销，在制造、设计、供应链、企业管理、虚拟时尚等方面数字化程度有待提升，设计等高附加值环节水平远不如巴黎、伦敦、米兰等城市，世界知名时尚品牌不多，数字时尚产业集群化水平有限，数字产业发展总体质量不高。

（二）供应链安全和现代化程度有待提升

新冠肺炎疫情发生以来，时尚产业供应链遭遇了极大冲击，对其安全性和稳定性造成威胁。针对服务于实体时尚的数字时尚而言，影响因素有三：一是全球新冠肺炎疫情、多国“制造业回流”计划实施及国际形势变化等因素造成实体时尚多个环节中断和缺失。二是时尚产业供应链本身发展面临的问题，如集聚规模不够、产业集群低度化（上游研发、设计等不足、中下游聚集规模和辐射受限）造成在全球甚至区域尺度下分工地位下降。三是因制造业迁出、供应链不足而造成的设计研发弱化导致的竞争力弱化，核心是供应链的规模、效率，尤其企业全要素生产率的下降。针对纯数字化的虚拟时尚，也面临信息、设备、消费终端等各要素配置不畅、整个产业链现代化程度不高的问题。

（三）政策法规配套和监管尚不健全

我国数字时尚已成为经济发展的重要内容，尤其是新冠肺炎疫情加速了数字时尚迁跃式发展，各类数字时尚新业态、新模式层出不穷，但是相关的机构、政策、配套法规却相对滞后，监管手段不够完善。数字时尚产业支持和引领政策力度有待提升，尤其是虚拟时尚扶持政策较为缺乏，相关行业准则、标尺尚未建立。数字时尚的边界宽泛，行业数据统计难度较大。此外，数字时尚业务不受时空限制，大部分数字时尚交易等环节都在线上进行，具有较强的隐蔽性，从而增加了政府监管难度。数字时尚产业亟需标准化和规范化，尤其是当前高度缺乏统一的虚拟服装相关准则、行业标尺、相关术语的不统一以及对数字服装理解上的差异，迫切需要制定相关标准加以规范。

（四）技术、人才和运营面临新的挑战

随着数字时尚应用场景不断丰富，新型消费理念层出不穷，时尚产业的发展对

数字、技术和人才提出更高的要求。如果时尚企业不能紧跟技术潮流并捕捉消费者需求变化，将难以获得市场空间。数字技术和人才是数字时尚发展的基础和支撑，而当前数字时尚相关人才总体处于供不应求的状态，尤其是跨界人才、技术与商品、技术与运营相结合的多元化人才极其缺乏。从当前时尚企业需求来看，用户及数据精准分析是首要需求，数字化产品规划及UX设计人员、视觉创意人员是优先需求，大数据分析和IT方面的程序工程师需求增加。当前数字时尚产业相关产品已经不再是过去“酒香不怕巷子深”的状态，单纯依靠质量已经难以快速占领市场，这就要求时尚企业必须创新商业模式，用数字化思维优化企业管理。

四、国外数字经济与时尚产业发展的措施和启示

数字时尚是数字经济的重点内容之一，是数字化和时尚产业的跨界融合创新。世界知名时尚之都纽约、伦敦、巴黎、米兰、东京等在全球时尚产业中具有风向标地位，拥有世界顶级时尚资源整合和辐射能力。尽管各国数字时尚发展历史、资源禀赋、要素支撑各不相同，但总结它们的特征不难发现一些共性的做法。它们普遍在战略规划、数字人才吸纳、数字基础设施超前布局、资本运作等方面推出了一系列顶层设计和具体举措来支持数字经济发展，并在时尚文化培育、人才教育和引进、产业政策方面支持时尚产业发展，能够对我国数字时尚产业发展带来一定启示。

（一）各国支持数字时尚产业发展的主要做法

1. 美国支持数字时尚产业发展的主要措施

（1）建立政策体系和落实机制。为加快数字经济发展，美国建立了系统的政策体系，加强对数字经济发展的政策指导。自1998年启动“浮现中的数字经济”计划至2021年，共实施约16项以上的国家数字经济相关战略，如《美国的全球数字经济大战略》《支持数据驱动型创新的技术与政策》《联邦云计算战略》《大数据研究和发展计划》等。同时，为了政策的落地实施，美国商务部注重数字经济领域信息收集和统计，连续多年发布数字经济和数字国家相关报告，并成立专门的数字经济咨询委员会、贸易工作组，制定专门的实施方案，不断健全和完善具体“接地气”的政策措施。

（2）重视数字经济科技创新和人才培养。美国历来重视对数字技术领域的投入和人才培养，出台政策优先加大对人工智能的财政支持，注重对数字人才的培养以及数字领域基础研究的投入。为提升数字经济相关的劳动力素质，美国政府把科学、技术、工程和数学教育（STEM）确定为优先发展事项，在高校奖学金项目中

优先向AI学科倾斜，并将计算科学纳入中小学教育的课程培养体系，通过出台各种政策法规不断提升全民数字素养和技能。

（3）率先参与数字贸易国际规则制定。美国国际贸易委员会是最早对数字贸易进行定义并对其内容进行分类的专业机构，主要通过自己主导的一系列双边和多边贸易谈判，把其认可的数字贸易标准作为重要约束性条件。截至目前，与美国签订的自由贸易协定中，有多项涉及独立的电子商务专章或者电子商务条款，以规范跨国数字贸易。

（4）建立高效的时尚产业运转体系。美国历经从服装产业向时尚产业转型，成功进入时尚产业金字塔的顶端位置，主要得益于以下几个方面：一是注重时尚宣传，扩大时尚影响力。注重通过杂志等媒介传输主流时尚资讯，为消费者及整个行业提供前沿时尚资讯。早在1943年率先组织举办纽约时装周，为时尚产业吸引了世界性的关注。二是采用适宜的产业链战略布局。积极构建“加工生产—设计研发—市场营销”全产业链，将技术和资本密集环节保留在国内，将其他低附加值环节外迁或外包。三是通过时尚文化和艺术为产业提供持久动力。在经济上取得优势后，美国注重发展本土文化艺术，如卡耐基音乐厅等世界级艺术文化中心的建立，帮助纽约树立了世界艺术地位，同时为以服装为代表的时尚产业的发展提供了设计灵感，时尚行业为艺术机构提供商业资助，当代艺术和时尚产业互为促进。四是注重时尚教育和人才储备。纽约市现拥有八所知名时尚设计类专业院校，每年为20000多名国际范围内的学生提供时尚设计教育，为时尚产业发展输入了必要的人才储备。另外，由时尚组织机构（如美国时装设计师协会CFDA和国际时尚组织FGI）建立文化机制和机构长期不断地为设计师提供服务。

2.英国支持数字时尚产业发展的主要措施

（1）将数字经济列为国家战略。英国政府于2015年发布了《数字经济战略（2015—2018）》，将数字经济上升为国家战略。2017年3月又发布了《数字英国战略2017》，并提出七大战略：基础设施连接、技术培训、产业发展、不同产业融合、网络空间安全、数字政府和开放数据，对脱欧后打造全球领先的数字经济及全面推进数字转型作出部署，包括增加政府采购规模和效率、设立数字基础设施专项基金、加强新技术开发应用、监督促进电信行业竞争等。

（2）支持创新技术的研发和培育。英国吸引并支持优秀企业的创新活动，包括提供创新研发税收优惠、通过设立风险投资基金，提高数字初创企业金融可得性、健全人才培养和引进措施、完善知识产权保护体制、灵活监管以防阻碍创新等。注重加大人力资本投入，普及数字技能，如扩大开放图书馆和提供数字技能培训、建立专门机构协助企业实现数字化转型、将编程等技能融入教育必修课程并建立多方参与共享的数字技能学习平台。

（3）建立完善的出口支持体系。为了促进数字贸易发展，英国政府还从两个方面做出了务实的行动：一是建立出口支持体系，采用数字技术建立了智能数据库，将其与中国的阿里巴巴和美国的亚马逊连接起来，大力推广在线销售。二是优化海关服务，根据数字技术的发展，建立更灵活、高效的新海关报关系统，以取代旧的报关服务系统，使之适应贸易方式发展的需要。

（4）通过活动和培训带动时尚产业发展。一是利用时尚活动带动时尚产业化。伦敦经济发展署成立创意工作组，重点扶持电影、时装、设计、数字传媒、音乐等高增长核心产业。该工作组自2004年推出创意工作计划以来，通过设立节日活动管理中心等举措，已帮助数千名业界人士实现专业及商业成功。伦敦每年举办伦敦时装周、英国时尚大奖、伦敦设计节等世界重要时尚活动和比赛。伦敦时装节号称时装设计师孵化器，有针对新锐设计师的"新生代推介机制"及帮助设计新人在业界立足的"时装产业化推动机制"。二是强化时尚教育和培训。推出时尚产业相关人才培养计划，如"创意英国——新人才新经济"计划就明确列出26项承诺和举措，这些政策使创意人才大胆突破，促进了英国创意产业的蓬勃发展。英国政府于2012年4月颁布设计培训项目，其目的是培养设计人才，只要年满16周岁的能够在英国工作的非全日制学生都可以申请该项目。通过该项目学生可以去企业的设计部门实习成为学徒，涉及领域涵盖从图形设计到产品设计。

3.欧盟支持数字时尚产业发展的主要措施

（1）注重行业规范和标准的制定。欧盟对数字经济关注已久，早在2010年3月出台的《欧洲2020战略》中就将数字化议程列为7项旗舰计划之一。虽然当前欧盟在数字经济市场占有率相对不高，尤其是人工智能科技的落后和巨头数字科技企业的缺乏，但欧盟积极通过规范人工智能伦理规范、制定相关监管规则，扭转数字经济劣势，重塑数字经济话语权。2016年6月，欧盟率先开始人工智能领域的立法工作，先后发布《欧盟人工智能》《可信AI伦理指南》《算法责任与透明治理框架》等相关战略。

（2）引领数据保护和数据治理的全球通行标准。欧洲委员会早在1981年就发布《有关个人数据自动化处理之个人保护公约》，后又相继发布了《数据保护指令》《隐私与电子通信指令》等诸多法律文件。2018年发布的《通用数据保护条例》（GDP R），是欧盟各成员国数据隐私和数据保护的基本法律框架，引领全球其他国家关于数据保护和个人隐私的立法热潮。2020年12月，欧盟发布《数字服务法》和《数字市场法》提案，以保护消费者在网络上的基本权利，并明确了中介服务、托管服务、在线平台服务和"超大"在线平台四类在线服务应履行的义务，明确了大型网络平台的评判标准，并制定平台公平竞争的举措。

（3）积极推进数字贸易便利化。从欧盟与韩国、加拿大、越南等国签署的自由贸易协定来看，已经达成协议的文本中都有数字贸易的专门条款，如关税减免、信息保护等。

4. 法国支持数字时尚产业发展的主要措施

法国是全球时尚产业的领潮者，时尚产业拥有超过300年的历史，是其最具有竞争力的、具有重大战略地位的产业。全国有近8%的公司涉及时尚与奢侈品领域，企业达1500多家，创造价值占法国制造业的5%。时尚产品的出口量也十分可观，达到所有时尚产品的近四成。香水、化妆品、时装和皮革制品等时尚产品，因得益于先进的创意设计理念和一流的设计水平，使已有的品牌保持长久的生命力，同时也保持了依靠文化创意和品牌营销所获得的高附加值。法国对数字时尚产业发展的支持主要表现在以下几个方面：

（1）注重时尚文化保护和培育。追求浪漫与时尚是法国特有的、根深蒂固的文化，而且法国主要以地方性、本土文化为主要依托，实行差异化发展，即通过高附加值的奢侈品设计占领高端市场，引领全球时尚文化。

（2）吸纳全球时尚人才。作为世界性城市，巴黎每年举办的国际性时装秀能够吸引全世界优秀设计师汇聚，其中外国设计师占比超过1/3。

（3）长期精准全方位政策扶持。作为国家战略产业，政府从政策、税收、金融、项目、智力及国际合作等方面持续不断地大力扶持（表5-2）。

表5-2　法国时尚产业扶持政策举例

类别	举例
税收优惠	早在20世纪就已实施时尚产品设计费税务抵免的优惠政策
项目扶持	通过资金支持强化企业间的协作，以达到促成项目和培育人才的目的，最终实现商业开发
科技研发支持	国家和地方相关研究机构为企业提供智力支持，国家重点支持法国时装学院开设服务于服装企业负责人的设计培训课程
金融支持	2010年设立了时尚银行，以政府担保形式对时尚企业的融资给予大力支持
国际合作	通过媒体传播本国品牌外，还积极鼓励时尚界加入欧洲设计管理项目合作体系，旨在通过交流、协作，掌握欧洲乃至世界最优秀的设计管理理念，促进创意和设计业务的合作与发展

5. 新加坡支持数字时尚产业发展的主要措施

（1）政府大力推动“智慧国”建设。新加坡早在20世纪80年代便开始推行“智慧国”建设，并出台“智能国2015”及“智慧国2025”计划等一系列政策规划，使其成为全球智慧数字城市发展的典范。新加坡政府成立未来经济署，并下拨45亿新币，支持23个行业的数字化转型。2017年，政府实施“国家人工智能核心计划”，推动人工智能的发展以及产业应用；2018年，实施“服务与数字经济蓝图计划”，提高新加坡服务业的数字创新水平；2019年，设立“数字产业发展司”，重点帮扶金融科技和电子商务领域的企业开拓亚洲市场，推广新加坡数字化创新技术；2020年，成立数字转型办公室，招募1000名数字大使深入社区，帮助老年人学习数字技能。

（2）帮助中小企业推进数字化进程。中小微型企业占据新加坡99%的市场，是经济发展的中流砥柱，扶持中小企业数字化转型有利于整个新加坡产业、经济的数字化变革。2019年，新加坡政府启动Start Digital项目，帮助中小企业从成立之初就开启数字化进程，并开始形成公司特有的数字组织架构、数字化操作流程和数字人才培训制度。同时，搭建数字化服务和共享平台，给予中小企业商业推广、风险投资、资源共享等扶持，推动中小企业的数字化转型并成长为中大型企业，增强新加坡数字经济的发展活力。

（3）注重数字人才的教育和培养。新加坡是全球最早开展数字技能教育的国家，是数字人才的教育先驱，一方面是信息技术专业人才；另一方面是数字应用人才，尤其是面对企业需求和市场导向的人才。例如，新加坡国立大学系统科学院在课程设置上新增了数据科学、软件开发、网络安全、人工智能、智能健康及数字创新等。为吸引全球高科技和数字专业人才集聚新加坡，2020年11月，新加坡经济发展局出台Tech.Pass签证政策，允许签证持有者在新加坡开办或经营企业。

（4）时尚产业打造亚洲创意品牌。一是注重顶层设计。新加坡早在1998年就将创意产业作为21世纪战略产业，出台了“创意新加坡”计划等系列政策扶持时尚产业发展。二是时尚文化和教育领先。新加坡注重时尚文化建设，大胆探索创意产业，积极打造有影响力的创意品牌。注重时尚设计教育，课程设置上博采中西之长，和行业需求密切接轨，通过国际化的师资力量和学生将新加坡打造成为国际时尚课堂。三是积极营造艺术氛围。新加坡积极组织国际大型艺术活动，开设国际创意竞赛，营造浓厚的艺术氛围，积极打造亚洲创意枢纽品牌。

综上所述，数字时尚是数字经济的重点内容之一，是数字化和时尚产业的跨界融合创新。美国、英国、新加坡和欧盟均在基础设施、创新技术和人力资本方面推出了一系列顶层设计和具体举措来支持数字经济发展，并在时尚文化培育、人才引进、产业政策方面支持时尚产业发展，能够为我国数字时尚产业发展带来一定启示。

（二）各国支持数字时尚产业发展的经验启示

1. 政府顶层设计强力支持

世界知名时尚之都无一例外在数字经济、时尚产业发展方面得到政府政策的大力扶持，包括升级为国家战略、成立专门的组织机构、出台细致可落地的扶持政策等。美国、英国、新加坡等国普遍制定了关于数字经济的国家战略，注重顶层设计，尤其是美国、法国都设置了数字经济和时尚产业发展组织机构，实施统一信息收集、组织协调。法国更是将时尚产业作为全国最具竞争力的国家战略产业进行打造，并支持国际化。

2. 注重技术创新和人才培养

无论是现代文化特色的美国、高雅文化特色的法国还是以商品交易为特点的意大利，普遍在人工智能等数字化人才培养方面不惜代价，通过国际时尚活动吸纳全球顶尖设计创意人才，还通过教育、培训来强化数字技术产业人才的培养。美国、英国、新加坡都将数字经济升级为国家战略，超前布局数字基础设施建设，成立数字技术创新中心，为企业制定数字化转型提供支持等。

3. 文化培育和国际准则制定

国际时尚之都普遍重视营造时尚文化氛围，具备强烈的时尚文化底蕴作为支撑，浪漫文化的法国也是欧洲的历史文化中心；服装文化浓郁的意大利米兰也是世界历史文化名城、世界艺术之都；纽约拥有世界著名的展览馆、画廊等艺术殿堂。他们常年举办全球数字技术、时尚设计、展览活动和赛事，集聚国际知名品牌，全面引领全球数字时尚；制定有利于自身贸易和经济增长的国际规则，并通过贸易协定的方式使其国际化。

五、进一步推动我国数字时尚发展的对策思考

（一）强化数字时尚技术创新

数字时尚产业的发展基于对数字技术的依赖。数字时尚之所以能够发展起来，除了实体时尚行业本身需求外，关键依赖数字技术发展，尤其是受到数字平台发展的刺激。当前全球范围内，时尚企业正在加大数字技术的投资。据麦肯锡预测，到2030年，时尚公司科技投资将会上升到收入的3%~3.5%，数字技术作为时尚产业“第一生产力”角色越发关键。我国要积极探索科技带给时尚产业的影响，强化基础研究，通过科技解决数字时尚可持续性的问题。同时，重视发挥企业在创新中的主体作用，鼓励龙头企业通过科技获得竞争优势。高度个性化的用户体验是消费者对于时尚品牌的热切期待，也是数字业务的基石。未来企业可以更进一步使用个性化技术为消费者提供更加量身定制的精品服务，优化数据收集与分析能力，在保证消费者数据安全的情况下，拓展数字化科技的使用范围，实现消费者忠诚度的提升。

（二）培育一批平台和龙头企业

建设一批国际时尚潮流发布平台，扶持时尚企业数字化转型，打造一批具有全球影响力的数字时尚产业高地。一是加强对具备国际竞争力数字时尚企业的支持，通过国际交往、自由贸易谈判、国际科技合作等渠道提升国际影响力，增强龙头带动能力。二是通过财政、税收、金融支持以及领军人才引进等手段，重点打造一批在行业细分领域的数字时尚企业，加快形成细分行业冠军企业。三是鼓励时尚企业以资本并购的手段持续增加自身从创意研发、供应链到商业模式、社群维护、企业运营等领域的数字化能力，最终形成龙头带动、细分配套支撑的数字时尚企业发展格局。

（三）创新商业模式抢占全球市场

重视年轻消费群体所关注的热点趋势，迎合年轻消费者的体验，尤其是伴随互联网成长起来的一代，鼓励数字时尚企业创新商业模式，通过开设虚拟商店、与游戏公司联名、与虚拟化身平台合作、与虚拟模特合作等多种方式扩大影响力，快速推动数字时尚产业发展。根据2021年英国时尚科技公司Lyst与The Fabricant联合发布的数字时尚报告，数字时尚的主要消费者是伴随互联网成长起来的年轻消费者，如1995~2010年出生的“Z世代”与“千禧世代”人群。此外，我国还要注重积极营造合作氛围，鼓励企业抱团走出去。

（四）培育和提升文化软实力

文化是时尚产业的内生动力。一是强化中国特色文化的挖掘，将我国的文化优势转化为特色时尚产业优势，同时加强国际宣传和营销，推进我国时尚文化国际化。二是建设世界级时尚展览中心、特色时尚消费一条街，积极组织全球知名时尚节、时尚大赛、展览会等，聚集全球时尚企业家、设计工作者及消费群体。三是完善科研、教育、培训体系建设，加大对高校建设数字时尚学科的支持力度，促进数字时尚与计算机科学、法学和管理学等多学科融合发展；加大数字时尚学教材编写力度，开发数字时尚课程体系和数字时尚课程资源；加大对数字时尚基础理论人才和团队的引进与培养力度，着力培养既懂数字技术又懂经济管理的复合型人才。四是加大数字时尚基础理论研究的平台建设，探索建设开放式虚拟化研究机构等新模式，打造有影响力、“政企学研用媒”协同合作的国际化数字时尚研究智库。五是完善数字时尚知识产权保护，营造和谐竞争的文化氛围。

（五）建立数字时尚政策法规

当前我国数字时尚政策体系尚未健全，专门的数字时尚监管机构尚未形成，数字时尚数据追踪统计方面还没有专门的机构跟进，行业发展相关的协会等社会组织力量不强。未来要加快制定数字时尚战略和规划，细化实施方案，确保可落地、可监督；建设“政企学研用媒”深度融合的“产学研”协同机制，出台鼓励数字时尚发展的相关措施，尤其是科技产业化、融资、税收等优惠政策，鼓励数字时尚新业态发展；强化政府和社会组织建设，定期统计和监管各类电子时尚平台（如电商微商、直播平台、跨境电商）数据，全面掌握数字时尚的发展情况。由于数字时尚领域大量的创新是基于原有产业模式的更新和突破，尤其是在互联网领域存在原有立法和政策体系还不能完全适应现有突破式创新的现象，亟须通过立法调整推动产业革新和升级。接下来要总结和提炼新技术、新业态可能带来风险和挑战的共性规律，加强对原有立法体系的梳理、整合和体系化建构与应用，注重发挥高层级基础立法的作用，通过基础法律驱动产业发展的规则创新，为新技术、新业态产业模式跃升确立制度保障。例如，可借鉴发达国家经验，强化相关政策及方案制定、监督实施，出台必要的法律法规，用于引导、规范数字时尚发展，优化营商环境，建立公平竞争的环境，保护消费者权益，营造良好的发展氛围。

（六）积极参与国际规则制定

与西方发达国家相比，我国的数字时尚虽然市场规模占比较大、发展历史较长，但在国际数字时尚规则的制定方面相对滞后。目前，以美国为首的西方发达国家尤其重视国际规则的制定，很早就已经以双边、多边自由贸易协定的方式要求别国遵守本国规则，间接推动国内规则国际化。当前数字时尚国际规则尚未成熟，我国应依托先发优势争取更多的国际规则话语权。我国要抓住“一带一路”倡议、数字丝绸之路建设、丝路电商建设等契机，加强发展战略对接，加强数字基础设施建设、电子商务、工业互联网、网络安全等方面的合作，共同探讨制定数字时尚的国际规则，共同营造开放、公平、公正、非歧视的数字时尚发展环境，维护和完善多边数字时尚治理机制，共同促进世界经济包容性增长。

（贾荣林　北京服装学院
陈文晖　北京服装学院时尚研究院
郭宏钧　中国纺织建设规划院）

参考文献

[1] Paola Bertola，Jose Teunissen. Fashion 4.0 Innovating Fashion Industry Through Digital Transformation. Research Journal of Textile and Apparel[J].2018，22（4）: 352–369.

[2] 桑业明 . 数字化时代的思维方式 [J]. 淮南师范学院学报，2004，6（26）：69–71.

[3] 让·鲍德里亚 . 消费社会 [M]. 南京：南京大学出版社，2006：227.

[4] 戴雨仟，楼甜甜 . 虚拟时尚产业的发展现状研究 [J]. 纺织科技进展，2021（3）：30–32.

[5] 夏杰长 . 数字贸易的崛起、国际经验与发展策略 [J]. 北京工商大学学报(社会科学版)，2018，33（5）：1–10.

[6] 苏泽渊 . 美欧英数字经济主张及对我国的启示 [J]. 金融会计，2021（8）：54–61.

[7] 刘丽娴，康瑜，向忠 . 美国纺织服装产业转型与时尚设计教育 [J]. 设计艺术研究，2021(2)：105–109.

[8] 管宁 . 时尚创意铸就的朝阳产业—法国文化产业的经验与启示 [J]. 东岳论丛，2012（12）：6.

[9] 闫本波，虞倩，刘涛 . 艺尚小镇：中国杭州数字时尚新基地 [J]. 探索，2021（3）：52–53.

[10] 王振宇 . 江西于都：以数字化打造科技时尚之都 [J]. 纺织服装周刊，2020（41）：38–39.

[11] 张原，刘婧，何颖 . 典型城市数字经济发展经验研究 [N]. 中国计算机报，2022–1–10（8）.

[12] 孙若丹，李梦茹，孟潇 . 北京建设全球数字经济标杆城市的路径研究 [J]. 科技智囊，2022（2）：31–37.

[13] George Gadanidis. Artificial Intelligence, Computational Thinking, and Mathematics Education. Internationnal Journal of Information and Learing Technology [J]. 2017. 34（2）：133–139.

第六章　北京市推动数字技术与时尚产业融合发展的对策研究

时尚产业是国际化大都市优化调整产业结构、促进城市消费升级和提升城市品质形象的重要载体。当前，全球时尚产业正面临着一场数字技术革命的巨变，数字技术将从根本上改变时尚产业的生产方式、消费关系和供应链属性。北京作为全国政治中心、文化中心、国际交往中心、科技创新中心，在信息化、数字化发展进程中，一直担当着创新引领者的重要角色，具备发展数字经济的良好基础和比较优势。与此同时，北京市时尚产业体系逐步形成，并成为优化调整产业结构、促进消费升级和提升城市品质形象的重要抓手。"十四五"时期，北京市将着力打造全球数字经济标杆城市和国际消费中心城市，这为推动数字技术与时尚产业的融合发展提供了重大机遇。北京市要准确把握数字技术与时尚产业融合发展的新趋势，深入了解数字时尚经济发展路径和未来发展方向，助推全市数字经济和时尚经济高质量发展。

一、数字技术与时尚产业正加速融合发展

（一）发展格局深刻变革

2020年开始，新冠肺炎疫情在全球蔓延，对时尚产业发展带来了巨大冲击。由于居家隔离、旅行受限、线下门店停业等因素的影响，消费者行为发生了深刻转变，数字消费逐渐占据主导地位，并保持增长态势（图6-1）。因此，众多时尚品牌充分利用直播、社交媒体、电商App、VR时装秀等数字化工具，有效拓展线上营销渠道；另外，时尚类企业利用VR（虚拟现实）、AR（增强现实）等数字技术开展门店数字化改造，打造了一批数字试衣间、3D虚拟店、沉浸互动装置等设施，切实提升了个性化消费体验。此外，诸如虚拟时装公司The Fabricant甚至开发了DEEP纯数字时装系列产品，让消费者通过皮肤穿戴展现另一个自我，在游戏中构建一个虚拟精神享受空间。

与此同时，由于新冠肺炎疫情以及国际经济贸易形势的复杂多变，时尚产业供应链也越发脆弱。时尚类企业正由基于成本考量的供应链全球化布局转向基于可靠

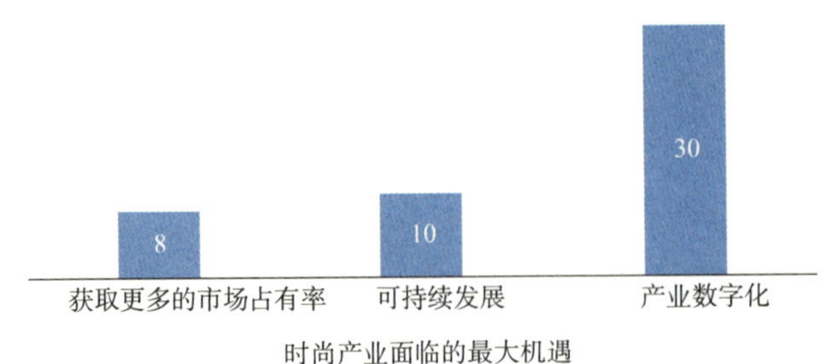

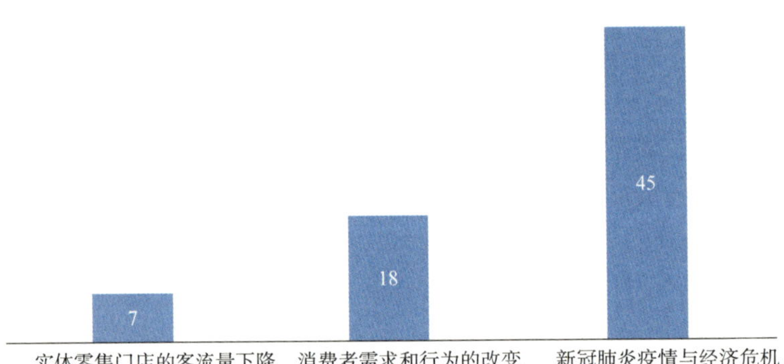

时尚产业面临的最大挑战

图 6-1 全球时尚产业面临的机遇与挑战

资料来源：麦肯锡,《2021 年全球时尚业态报告》。

稳定考量的供应链区域化布局，并且建立以需求为导向的运营模式。这也需要依托大数据、云计算、人工智能等新一代数字技术，实现需求预测的智能化、设计制造的数字化和供应链管理的智能化。

总体而言，数字技术正在从根本上改变时尚产业的生产方式、消费心理和供应链属性，时尚体系价值链、品牌营销模式都将被重构。时尚类企业要热情拥抱各类数字化创新，通过数字化实现企业运营的全局式赋能，促进产业链向全球价值链高端延伸，推动时尚产业的高质量发展。

（二）政策红利不断显现

发展数字经济已经上升为国家战略。党的“十九大”报告指出：推动互联网、大数据、人工智能和实体经济深度融合，培育新增长点、形成新动能，势必会对经济发展、社会进步、全球治理等方面产生重大而深远的影响。国家《“十四五”数字经济发展规划》提出数字经济正推动生产方式、生活方式和治理方式的深刻变革，成为重组全球要素资源、重塑全球经济结构、改变全球竞争格局的关键力量。近年来，全国数字经济增速远高于生产总值（GDP）增速。2020年，全国数字经济核心产业增加值占国内生产总值（GDP）比重达到7.8%。

据不完全统计，北京、上海、广东、江苏、浙江等超过20个省、自治区、直辖市相继出台数字经济相关的专项规划或政策文件60余项，涉及科技创新、融合应用、产业发展等方面，有效地推动了数字产业化和产业数字化。依托这些产业政策的实施，可以变革“时尚内容”与“科技载体”的二元分立结构，注重利用数字技术手段促进时尚创意内容的生产和时尚消费方式的升级，推动时尚产业与其他产业或领域的融合发展，从而使“数字+时尚”的融合成为新发展格局下强化科技支撑、扩大内需市场、推动产业高质量发展的重要支撑。

（三）数字技术并行迭代

时尚产业领域的数字技术并行迭代加快推进，正从“单点技术”到“多技术与多场景运用”“数字个体”到“平台化服务”“弱人工智能”到“感知增强”三个方面不断进化[1]。例如，有些纺织服装企业综合利用多种数字技术，创建了基于色彩、图案、款式等设计要素的识别模型、基于精准的需求预测模型的企业销量和备量预测模型等，各类场景化综合生态正在逐步形成。又如，2021年，由中国纺织工业联合会指导，中国纺织信息中心、国家纺织产品开发中心发起并成立的“时尚产业数字技术创新联盟”，致力于打造一个数字技术研发、数字要素资源配置、行业数字化发展资讯共享的平台载体，以期更好地推动时尚产业数字化发展。再如，中国纺织信息中心联合鲁丰、达利等企业开发人工智能图案设计创意交互平台，显著增强了纺织面料图案设计的创意能力，有效提高了纺织产品开发的创新效率。

（四）融合成效不断显现

当前，中国时尚产业具备巨大的制造业规模优势和一定的数字技术优势，更具有超大国内消费市场潜力。因此，在双循环发展格局下，数字科技与时尚产业的融合成效不断显现，衍生出了丰富的应用场景、丰富的数据资源和极具成长性的价值空间。数字技术与时尚创意设计领域的融合，实现了人体大数据支持下的定制版一人一码，人工智能软件也大大提高了设计效率，区块链技术已用于设计版权溯源保护。广东时谛智能科技有限公司推出的面料设计虚拟化开发的数字化平台，以沉浸式交互模式节省面料企业与客户的沟通成本。数字技术与时尚制造领域的融合，开发了基于视觉的表面缺陷检测和基于声纹的产品质量检测与故障判断等新兴技术，帮助时尚类企业以更多SKU（Stock Keeping Unit，库存量单位）、更小批量、更多

---

[1] 孙瑞哲．中国纺织工业联合会会长孙瑞哲在2021年中国纺织创新年会·设计峰会上的讲话．[DB/OL]．纺织服装周刊网．2021-04-30.

定制化的生产制造方式来适应当代消费者的个性化和多元化需求。例如，安踏集团旗下FILA品牌新一季货品中超过900个配色和所有样品的制作在两周内完成，整体进度节省约75%。数字技术与时尚消费领域的融合，可以通过自然语言处理技术、人工智能视觉识别技术以及大数据分析模型技术对市场消费需求开展研究，从而指导企业针对“有效需求”进行产品开发；利用虚拟现实（VR）、增强现实（AR）等技术创造了全新的消费体验。此外，依托数字技术，可以构建跨区域、跨平台的多资源协同发展态势，显著提升了产业链整体运营效率。

二、国内城市推动数字技术与时尚产业融合发展的做法与成效

（一）深圳市

深圳市龙华区是时尚产业集聚发展的重点区域之一。随着数字技术的日新月异和广泛应用，龙华区正在奋力抢抓数字经济制高点，积极推进数字技术与时尚产业融合发展。

2022年1月29日，深圳市龙华区人民政府与华为技术有限公司共同签署了数字时尚产业新城合作协议，未来将依托华为在云计算和联接领域的核心技术及产业链整合能力，以大浪时尚小镇为主阵地，建设具有全球影响力的数字时尚产业高地，率先树立全国领先的“数字+时尚”产业发展新标杆。

1.建设大浪时尚产业数字创新中心

以该中心为载体，在技术开发、方案孵化、商业模式创新、生态对接等方面展开深度合作，提升龙华时尚企业的产业影响力和竞争力，助力龙华建设具有全球影响力的数字时尚产业高地。

2.建设大浪时尚街区体验中心

围绕数字街区、数字楼宇、数字门店和数字秀场等场景，建设大浪时尚街区体验中心。该体验中心将结合华为虚拟融合现实技术，搭建数字虚拟现实应用平台，推动时尚生活方式与生产方式的全流程变革。

3.建设大浪时尚产业大数据中心

通过知识产权保护与交易、潮流预测推荐、流行色及款型、面辅料研发仿真辅助、穿着体感等数据服务扩大数据中心规模和数据服务价值。

4.设立时尚行业非营利性知识产权保护服务机构

借助时尚产业大数据中心的基础设施资源，联合公检法单位、法律咨询及服务机构、中国纺织信息中心等行业机构、独立软件系统提供商，设立时尚行业非营利性知识产权保护服务机构，为时尚企业知识产权保护提供数字技术支撑和相关法律服务。

（二）上海市

上海市高度重视数字技术与时尚产业的融合发展。《上海市全面推进城市数字化转型“十四五”规划》明确提出：要建设一批数字商圈商街和商业数字化示范区，构建社区生活圈末端15分钟智能配送体系；支持电商平台整合网络直播、社交媒体、产品供应链以及各类专业服务机构等资源，形成具有特色和影响力的上海网络新消费品牌。《上海市建设国际消费中心城市实施方案》在“打造引领全球消费潮流新高地”任务中明确提出，要加快商业数字化转型，培育一批百亿千亿级电子商务标杆企业，集聚一批引领行业发展的直播电商平台，打造智能化、定制化、体验式的商业新业态、新模式，培育一批具有国际影响力的直播活动。

上海东方美谷坐落于奉贤区，作为全市化妆品产业发展集聚地，是支撑全市时尚产业创新发展的重要园区之一。近年来，东方美谷积极推进数字化转型，建立了重要产品追溯管理云平台，旗下伽蓝集团利用销售与数据的天然关联，通过中台化实现效率和利润的提升，用新零售取代传统零售；旗下品牌玛丽黛佳现已推出一款配有100多种色彩方案的智能口红定制机，用户站在口红定制机前，即可通过内置的3D AR摄像头配合自主研发的AR面部追踪算法，使彩妆、发色等试妆效果实时呈现在机器屏幕上，实现“云美妆”。与此同时，东方美谷与视频弹幕网站Bilibili携手打造数字消费场景，邀请拥有200多万粉丝的虚拟主播，进行美妆科技直播，带来美妆全新的消费体验。此外，东方美谷还与叁谛科技进行合作，开发推出一款新一代测肤仪器。除了拥有检测皮肤年龄的功能之外，该仪器还运用三维结构光技术，改变原来二维贴图模式，对皱纹、眼袋、苹果肌、色斑位置等的测量描述更加精准，使展示更加形象生动。

（三）广州市

为推动全市时尚产业发展，助力国际消费中心城市建设，全面增强国际商贸中心功能，广州市出台了《广州市打造时尚之都三年行动方案（2020—2022年）》。该方案提出要与全市人工智能与数字经济发展战略对接，推动新一代信息技术与时尚产业深度融合，加快时尚产业数字化转型，促进全市时尚产业由制造向智造转变及能力升级。要探索建立在线定制、网络预售、众筹团购等个性化、定制化销售模式，鼓励企业以新零售、数字贸易和直播电商等新型商业模式为切入点，打造全球时尚产品集散中心和名品中心。要推动时尚设计、展示与数字创意对接，尤其是与VR（虚拟现实）、AR（增强现实）、交互娱乐、电子商务等领域的融合发展，以提升数字产业的时尚化程度。

广州海珠区中大纺织商圈中的珠江国际纺织城建立了全区专业市场中最大的直播电商基地，多家企业综合年营业额破亿元。同时，海珠区着力推进直播基地建设，预计到2025年，全区直播相关企业将超1000家，直播基地将超50个。此外，海珠区通过阿里、唯品会、花生日记、哆啦科技等平台，打通供应链壁垒。本土平台企业致景科技，建立布料交易平台“百布网”，打通了原材料、生产、分销、打板设计等产业链各个环节，如美轮科技“FDC面料图书馆”项目，采用数字化手段将面料样品直接推送到设计师的办公室。

（四）杭州市

杭州市依托自身发达的数字经济基础，以园区、企业、机构为主体，积极推进时尚产业数字化转型。

1. 园区方面

杭州艺尚小镇于2016年9月正式开园，围绕打造“中国数字时尚第一镇”的目标，对标国际一流、做强特色产业，打造时尚高地，争当浙江省时尚产业发展的示范标杆。目前，伊芙丽、英涉、黯涉集团等服装企业总部，特步、黛玛诗、迪尚集团等服装企业区域总部，川上加一、嗨喜、羽动科技等明星或网红主理品牌，纳斯机构、场景互娱等网红直播行业头部企业，李加林织锦、台绣等传承自中国古典技艺的创新品牌，还有韩国设计师中心等国际合作创新孵化平台都已经入驻艺尚小镇。这些头部企业的引入对于产业链上下游企业的招引，以及同类型品牌企业的引入具有很强的吸引力。自2015年启动建设以来，小镇已集聚2011家企业，其中区域性服装企业总部近百家，累计完成投资150.52亿元，累计实现税收35.76亿元。此外，杭州市还拥有东方电子商务园数字时尚产业加速中心、七章数字时尚产业园等数字时尚专业园区，在数字时尚企业孵化、时尚直播产业培育等方面取得了明显成效。

2. 企业方面

近年来，不少入驻企业已经乘上了“数字化”的东风。如浙江凌迪数字科技有限公司成立于2015年11月，致力于以3D数字化重构时尚产业。旗下Style 3D是全球首个时尚产业链3D数字化服务平台，从最制约服装行业效率的研发设计环节切入，为服装企业提供从3D设计、推款审款、3D改版到线上直连生产和在线展销的全链路数字化服务。

迪尚集团有限公司作为全国最大的服装出口企业和职业工装生产企业之一，为全球100多个国家和地区的500多家品牌客户提供产品和完善的供应链服务。利用数字化，迪尚创新性地搭建了尚织平台。该平台将云设计、线上线下一体供应链、柔性制造、智能销售、高端定制等功能集成为一体，并为客户提供服装产业链全套解决方案。同时，企业还通过服装3D数字化设计，解决了客户选款周期长的问题。

英涉时装（INXX）有限公司利用精准的营销数字化体系助推用户转化率也是

生动的佐证——一套“数据中台+业务中台”数据驱动体系将企业带入数字化驱动阶段。一边是实现管理运营数字化，打通全营销渠道消费者数据，从多维度管理用户信息；一边是实现营销数字化，通过精准营销数字化体系的构建，大幅提升用户转化率。通过数字技术消除了企业与消费者之间、管理运营与精准营销之间的“壁垒”，“人之智”与“数之智”在这里融合。

纳斯机构成立于2016年，是电商直播顶级服务商，围绕红人电商全产业链，专业培育孵化主播、红人，为品牌、商家、供应链提供一站式电商直播及内容整合营销解决方案。

3. 机构方面

2021年3月16日，艺尚小镇落户了中国服装科技创新研究院，该研究院是在临平区政府的大力支持下，以及中国服装协会的主导下，建立的首个中国服装的科技创新研究院。该研究院运用科技数字化手段推进整个产业的发展。它包含了数字科技在设计领域、销售领域、智能制造中的应用，5G智能以及可穿戴技术，3D打印技术以及智能试衣系统等，这些优秀的技术在科技创新研究院展陈，可以培育企业以及辅导企业的运用。

三、北京数字技术与时尚产业融合发展的基础与环境

2004—2021年，北京城市功能定位经历了一系列的调整和更新，这为数字技术与时尚产业的融合发展带来新要求和新动能。从2004年“时装之都”的提出，到2012年作为“设计之都”加入联合国教科文组织“全球创意城市网络”，发展时尚产业成为全市产业转型升级和城市品质形象提升的重要途径。“十四五”期间，北京致力于建设国际消费中心城市和打造全球数字经济标杆城市，时尚产业将成为培育消费新引擎、建设数字技术应用新场景、促进城市更新和功能重塑的关键抓手。总体来看，北京市数字技术与时尚产业融合发展具备了良好的基础条件和发展环境，但也存在一定的问题和挑战。

（一）发展成效

1. 数字经济发展水平全国领先

2021年，北京市实现数字经济增加值1.6万亿元，占地区生产总值（GDP）比重达40.4%；核心产业增加值超8900亿元，增长16.4%，占地区生产总值（GDP）比重达22.1%。数字经济企业活跃度达到85%，位列全国第一。数字基础设施建设水平全国领先，2021年底，全市5G基站累计开通5.64万个，工业互联网平台数量、接入资源量、国家级智能制造系统方案供应商数量均居全国第一。另据2021年中国

质量协会开展的中国数字经济服务质量满意度研究成果显示，北京数字经济服务质量消费者满意度位列全国第1名。

2.数字技术助力时尚产业高质量发展

近年来，由于北京大力疏解非首都功能，全市时尚企业发展遭遇瓶颈，低附加值生产环节以及纺织服装传统商贸批发环节逐步向京外转移，时尚产业生态环境受到一定程度的破坏。在此背景下，相关行业注重推进数字化转型，在产品研发、创意设计、供应链管理、营销与传播等关键环节推广应用数字技术，以期实现新旧动能转化和高质量发展。例如，北京时尚控股旗下企业铜牛集团组建了3D数字工作室，通过3D数字技术和研发设计，将制衣周期由77天缩短到33天左右。铜牛集团通过国内领先的人体三维数字化测量系统，精准获取人体三维数据，实现了快速地量体裁衣，为互联网定制服务提供技术支撑。铜牛集团研发的以航天员服饰为代表的智能体征衣，能够实现在不同生活、工作场景下的人体健康监测、安全监护。此外，北京时尚控股公司旗下雪莲、天坛、Pure Touch、ArtFusion ACE等品牌先后通过开设天猫、京东、微信小程序店铺开启数字化营销之路，并在线下门店、移动互联网手机端、互联网+车载移动智能定制店铺推广应用3D搭配体验和三维智能测量技术，使消费者既享受到了线上消费的便利，也能获得线下店铺“可观可感可比”的体验需求，逐渐实现数字和实体零售一体化。北京极睿科技有限责任公司“ECPro易尚货”服饰电商一站式AI智能平台，帮助韩都衣舍、以纯、江南布衣等品牌的电商平台提升了快速上新能力。

3.数字技术加速时尚发布与时尚消费场景创新

一方面，受新冠肺炎疫情影响，北京市利用数字技术开启了“云上时装周”等时尚展会新模式。例如，2020年北京时装周在以往流行发布、时尚北京展、WEEK UP潮流展、北京时尚高峰论坛等板块基础上，举办了云发布、云播间、云享会、云逛展等约70场线上活动，实现从线下到线上，从实体到虚拟，从秀场到商业，实现场景裂变与价值孵化的重要举措[1]。尤其是2022年北京冬季奥运会以人工智能、虚拟现实、5G、8K、裸眼3D、数字媒体等一系列数字技术为支撑呈现了一场美轮美奂的开幕式，向全世界传递了现代化中国对美、时尚及未来的理解。

另一方面，《北京培育建设国际消费中心城市实施方案（2021—2025年）》明确提出要加快布局数字消费新基建、推广数字消费新场景，预计到2022年实现市级重点商圈、市内重点景区等区域5G网络全覆盖。在朝阳区、海淀区建设信息消费示范区，在王府井、西单、国贸、三里屯等重点商圈试点建设智慧商店、智慧街区、智

---

[1] 贠天祥.北京时装周贠天祥：数字时尚赋能下的时尚产业，如何助力城市更新.[DB/OL].搜狐网.2021-10-08.

慧商圈，加大AR虚拟试穿、VR虚拟购物等体验式消费场景应用。例如，西单商圈改造升级方案以数字化赋能新业态，发力首店经济，打造集时尚交往、数字消费和金融商务于一体的西单金融街国际化高端时尚魅力圈，成为城市发展形象展示窗口和文化商业体验新地标。依托上述政策的实施，可以有效促进数字技术与时尚产业的深度融合，实现“全客群、全渠道、全品类、全时段、全体验、全数据、全链路”的营销新场景，培育形成数字时尚消费新生态，全面提升服务功能和消费体验。

4.数字技术推动时尚产业发展平台改造升级

在打造全球数字经济标杆城市背景下，北京在全市范围各类产业园区开展数字化改造和智慧化试点，数字技术的推广应用为设计、文化创意等时尚类发展平台改造升级提供了重要支撑。

例如，北京城市副中心的张家湾设计小镇是未来北京设计之都、数字之都建设的重要平台。目前，设计小镇中老铜牛厂区依托数字化技术已改造成为北京未来设计园区。该园区集未来设计、共享办公、数字建造、交流展示等为一体，聚焦设计产业及入驻人才办公服务需求，搭建了智慧生活实验室、智慧大屏、3D共享打印、共享办公等应用场景，北京建院未来设计院、易兰规划等机构在未来设计园区相继落地。

又如，首钢园紧紧抓住承办2022年北京冬季奥运会比赛的历史性机遇，积极推广应用了自动驾驶车辆、无人超市等数字智能设施设备，研究开发了虚实结合的沉浸式交互技术、基于人工智能的多模态的交互式直播系统、基于5G+8K技术的生态环保主题沉浸式大型直播体验中心，带来了一种全新的智慧化、数字化生活新体验，成为北京时尚打卡和旅游消费的新地标。

（二）存在问题

参考相关研究成果，北京时尚产业仍处于数字化赋能的初级阶段，加之全市数字经济发展过程中的一些共性问题，数字技术与时尚产业融合发展依然存在一些不足。

1.时尚产业产能疏解减量，难以有效形成对引进和应用数字技术的大量需求

“十四五”期间，北京市将继续推动不符合首都功能定位的一般制造业企业动态调整退出以及区域性专业市场动态清零，这将进一步压缩全市服装生产制造及批发交易的空间，造成设计产业缺乏上游原材料供给及下游设计样品生产制造的配套。与此同时，各类文化创意园区经营成本不断攀升，导致创意设计、时尚传播等行业也面临着发展空间受限、人才流失、配套不完善等问题，部分行业关键环节也有向外转移的趋势。因此，时尚产业产能的疏解减量，导致其缺乏足够的市场容量和规模效应，也就难以产生足够多引进和运用数字技术的需求。

2. 现有时尚产业发展场景、基础设施相对滞后，难以切实支撑先进数字技术的落地转化和推广应用

与国际消费中心城市建设要求相比，北京时尚产业面临着国际高端时尚资源集聚程度不够、迎合时尚需求的创新动力不足、提升时尚消费体验感的方法和场景相对不够丰富、产业数字化的公共服务缺口较大和基础投入不足等问题，这些将使得先进数字技术在时尚产业重点领域和关键环节的落地转化和推广应用缺少足够的资源要素保障、多元场景利用及基础设施支撑，不利于数字技术与时尚产业的深度融合。

3. 产业政策顶层设计精准聚焦不到位，难以及时解决融合发展过程中的政策缺失和监管盲区

随着数字技术与时尚产业的融合不断深入，原有的要素资源配置方式以及产业政策体系与不断涌现的新业态、新模式之间存在冲突和矛盾。诸如在时尚企业数字化改造升级、时尚产业新基建、数据产权归属及数据安全保护、平台经济和共享经济发展引导及监管等领域尚存在一定的政策缺失和监管盲区，需要在产业政策顶层设计上更加精准和聚焦。

（三）发展机遇

1. 城市战略实施带来的政策机遇

“十四五”时期，北京仍将立足“四个中心”的首都城市战略定位，更加突出创新发展、京津冀协同发展和绿色发展，加快建设国家服务业扩大开放综合示范区、自由贸易试验区、全球数字经济标杆城市，并出台实施以《关于加快培育壮大新业态新模式促进北京经济高质量发展的若干意见》《北京市加快新型基础设施建设行动方案（2020—2022年）》《北京市加快新场景建设培育数字经济新生态行动方案》《北京市实施新开放举措行动方案》等为代表的一系列新政策、新举措。这为数字经济和时尚产业融合发展指明了方向，营造了很好的政策环境。

2. 构建新发展格局带来的市场机遇

“十四五”时期，北京将充分发挥消费需求能级高、服务供给能力强、国际资源配置影响大等优势，加快形成国内大循环的核心支点、国内国际双循环的核心枢纽。构建新发展格局，为数字科技与时尚产业的深度融合奠定了多元的应用场景、丰富的数据资源和富有想象力的价值空间。尤其是依托国际消费中心城市建设，北京将以新时尚、新业态、新模式为引领，加快推进数字赋能实体经济，打造一批国际消费时尚地标，培育时尚消费新市场和新引擎，实现消费向体验化、品质化和数字化提档升级。

3. 高品质宜居城市建设带来的空间机遇

“十四五”时期，北京立足建设高品质宜居城市，将进一步优化城市空间功能

布局、加快推进城市更新、塑造特色文化城市品牌、提升城市品质形象。这将有利于实现设计产业园区、创意基地、创意社区以及时尚街区等在空间上的聚集、集约、联动和创新发展，促进生活区、产业区、商业区与居住区的功能融合，为数字技术与时尚产业在更多的空间、场景实现融合发展创造了良好条件。

（四）主要挑战

1. 新冠肺炎疫情影响带来的不确定性

当前，新冠肺炎疫情仍在全球肆虐，国内众多城市也因疫情导致正常生产生活节奏被打乱，整体市场行情不容乐观，消费市场拉动经济增长动力不足。在此背景下，北京创意设计、文化传媒、时尚消费品零售等领域的中小企业生存与发展面临挑战，消费者的消费动机及行为也会发生变化，这不仅不利于全市时尚产业的发展壮大，也会在一定程度上制约数字技术在时尚产业中的推广应用。

2. 数字经济治理不完善带来的不确定性

当前，我国数字经济治理还不完善，一些问题可能会对数字技术与时尚产业的融合发展带来不确定。例如，统一的数据开放和数据利用标准还未建立，这可能为产业链上下游环节数据分享与利用带来不便，不利于供应量管理的数字化和智能化；全方位、多层次、立体化的数字经济监管体系还不完善，个人信息的非法盗取、过度使用会使消费者对时尚类电商平台的可靠性产生一定质疑；数据的价值转化和释放机制有待完善，造成大量企业及相关机构的数据处在“沉睡”中，使得数字技术对时尚产业高质量、高效益发展的提升作用还未能全面体现。

四、北京进一步推动数字技术与时尚产业融合发展的相关建议

“十四五”时期，要立足首都城市战略定位，紧紧抓住建设全球数字标杆城市和国际消费中心城市的战略机遇，以供给侧结构性改革为主线，以数字技术创新为引擎，促进数字技术与时尚产业深度融合，将数字时尚与新业态、新场景、新消费、新基建、新模式以及文化传承创新、城市更新等紧密结合，以前沿的数字技术助推北京时尚产业高质量和可持续发展，打造北京时尚产业新名片，讲好北京城市发展新故事。

（一）提高数字技术行业渗透，培育壮大数字时尚经济

结合北京时尚产业发展现状，要在创意设计、时尚智造、文化创意、时尚消费等领域推广数字技术的创新性运用与基础性渗透，培育壮大数字时尚经济，依托

数字化技术和信息化平台，将促进从单一固定的有限供给向多元化、精细化、定制化的有效供给加速迈进，推动时尚产业向规模化定制、柔性化制造、服务型制造升级，打造北京数字经济、时尚经济增长新引擎。

1.数字技术与创意设计

设计是时尚创新的重要生产力，是数字技术应用最活跃的环节。推广铜牛集团成功经验，在全市服装设计行业推广应用大数据、人工智能、虚拟现实等数字技术，实现定制化设计、智能化设计，切实提高服装设计效率。在消费电子设计、时尚消费品设计、景观环境设计等领域，借助大数据分析与3D仿真技术，实现设计可视化和工艺仿真；创新开发以虚拟现实、元宇宙等数字技术为基础衍生出的数字化产品和服务，增强受众体验感。鼓励时尚创意企业采用独建或联建等方式建立CMF（色彩、材料、工艺），款式，版型，产品图谱库等数据库。在仿真设计、图像渲染、全息成像、设计建模等领域培育一批“专精特新”企业及平台，为时尚创意企业提供3D设计、改版、数字样衣生成与展示等服务。加大区块链技术在设计版权溯源保护中的推广应用力度。

2.数字技术与时尚智造

以纺织服装、消费电子、文化创意产品等为主体，大力发展基于互联网的个性化定制、众包设计、云制造等新型制造模式。鼓励相关企业与数字化龙头企业共建工业云服务和大数据平台，推动软件与服务、设计与制造资源、关键技术与标准的开放共享。全面推广应用以绿色、智能、协同为特征的先进设计技术，积极构建绿色制造体系。综合运用各类数字技术，推动北京文化创意、时尚设计资源与天津、河北乃至长三角、珠三角地区的制造业企业、专业市场资源的有效衔接，构建跨区域的时尚产业协同制造格局，弥补由于疏解非首都功能造成全市时尚产业制造环节的短板。

3.数字技术与文化创意

推动人工智能、大数据、超高清视频、5G、VR等技术应用，将时尚作为关键元素融入服装服饰、电子消费品、城市规划建设、文化传播、市场营销等领域。借鉴国家文化大数据联盟及《国家文化大数据标准体系》的做法，研究制定出台覆盖基础、监管、供给端、生产端、云端和需求端等环节的数字时尚数据体系，规范时尚大数据服务与监管模式，促进知识共享。充分依托北京市先进制造业和现代服务业融合发展试点和全面推进北京市服务业扩大开放综合试点工作，推动时尚内容生产流程数字化、时尚创作主体专业化和时尚内容生产工业化，实现时尚创意的快速商品化、时尚传播的多渠道化和时尚消费的大众化。对标全国文化中心和国际交往中心建设要求，通过教育传承和数字赋能，做好中国传统文化符号的时尚化再造，并通过VR植入场景、高清实时直播、社交媒体传播等方式，真正“讲好北京故事、发出中国声音”。

4. 数字技术与时尚消费

围绕国际消费中心城市建设，构建时尚消费沉浸化、多元化场景体系。充分运用5G、AR和VR、物联网等新一代信息技术，结合全市首店经济、夜间经济等发展举措，以三里屯、蓝色港湾、国贸、望京等商圈为试点，打造数字化沉浸式时尚消费空间，促进时尚消费从“部分沉浸”向“到场体验”。抓住北京市服务业扩大开放综合试点，大力发展跨境时尚文化贸易，搭建时尚文化贸易公共服务平台。加快推动跨境电子商务综合试验区发展，高水平打造跨境电商示范体验店，研究完善市内免税店税收政策。激活时尚数据要素潜能，以时尚消费者为中心构建线上线下一体数字化渠道，打造社交电商和传统电商双引流、线下实体店作为体验服务载体的数字化时尚消费新格局，提升产品与消费者之间的黏度。

5. 推动产业链数字升级

重点推动企业加快在创意孵化、研发设计以及个性化定制、营销和售后服务等产业链两端的数字化转型，带动时尚产业发展。引导企业顺应个性化、时尚化、功能化、绿色化发展趋势，开发高质量、数字化、网络化、智能化新产品，加速时尚产业链延伸到全球价值链的高端。

（二）夯实数字基础设施支撑，拓宽数字技术应用场景

1. 主动融入全市新型基础设施建设

以产业园区、时尚商圈、电商平台等为重点，加大时尚产业新基建建设力度。将重点园区、商圈优先列入千兆固网和5G网络建设计划，支持本市时尚类国有骨干企业及时尚类电商平台打造时尚产业数据中心，推出基于数据平台的人工智能应用、云服务和供应链管理服务。围绕产业高附加值环节建设工业互联网平台，依靠5G技术实现面向京外的制造配套环节的远程技术部署、工艺改造和产能控制等。

2. 打造特色数字技术应用场景

加强数据资源挖掘分析，如用户行为分析、情感语义分析、社交媒体分析等，打造一批满足新兴消费需求和体验的数字技术应用场景。在王府井、西单、国贸、三里屯等重点商圈试点建设智慧商店、智慧街区、智慧商圈，鼓励和引导门店设施加快数字化改造，建设一批数字化试衣间、沉浸式互动场景设施、虚拟试用装置，加大5G+4K/8K直播、AR虚拟试穿、VR虚拟购物等体验式消费场景应用，创新搭建“时尚+动漫影视”“时尚+文创”“时尚+工业”融合体验场景，逐步实现商圈核心业务在线化、运营管理数字化、消费场景智慧化，促进现有时尚类园区向体验式、参与式、互动式提质升级。重点在朝阳区、海淀区、西城区及冬奥场馆周边布局建设一批国际标杆时尚消费体验馆。

（三）携手构建融合发展平台，完善数字时尚产业生态

1. 打造数字时尚共性技术研发应用平台

加强与中国纺织信息中心、中国纺织工业联合会、北京服装学院、中央美术学院、清华大学等机构和院校的合作，系统研究分析全球数字技术的发展趋势，为时尚产业数字化提供先进适用技术、优秀解决方案和成功实践案例。鼓励各方合作共建不同专业领域的时尚产业数字技术联合创新实验室，加强关键共性技术的研发、重要关联技术的集成以及加速成熟技术的产业化应用，开发一批具有自主知识产权的时尚产业数字化软件与解决方案，开展数字技术研究成果的应用实践及示范推广。引导龙头企业、工业互联网平台企业与中小微时尚类企业共建数字技术供需对接平台，向其提供“低成本、易维护、强安全、高效能”的数字技术先期应用。

2. 打造数字时尚供应链协作平台

依托数字技术，有效提升供应链协同效能，改变供应链的不对称性与延滞性，构建诚信供应链和透明消费链。探索以购买服务或者政府资金引导等模式搭建数字时尚供应链协作平台，整合供应链相关要素资源及行业信息，为相关政府管理部门、制造厂家、供应商、消费者提供资源要素配置方案和供应链优化解决方案。

3. 打造数字时尚知识产权服务平台

建立完善电子确权系统，通过网络向数字时尚IP权利人发放数字证书，优化确权流程，减少人力、物力以及时间成本，提高确权效率。完善版权费用支付体系，明确版权费用支付渠道。培育一批知识产权专业性服务机构，为时尚企业提供数据资产确权、评估、交易等服务，强化时尚企业数字信息隐私保护。

（四）积极融入城市更新计划，推动数+产+城加速融合

1. 积极参与城市更新计划

利用BIM/GIS/CIM等技术成果为基础开发更多的数字化产品与服务，让时尚创意空间的功能嵌入城市更新，形成城市更新的主动造血机制，实现城市空间布局与产业布局相协调，使得城市因为时尚产业的鲜活注入和新陈代谢，真正成为有机的生命体。

2. 打造一批城市数字时尚地标

推动华贸购物中心、国贸商城、北京SKP、华熙LIVE·五棵松、三里屯、蓝色港湾、首钢园等重点商圈数字化、智能化改造升级，打造形成“数字+商业+文体+休闲”深度融合的时尚消费新地标。高标准推进金盏国际合作服务区、丽泽商务区数字基础设施建设，打造形成“数字+商务+展示”的数字时尚展示及体验示范区。

利用大红门—南苑疏解腾退空间，加速文化、科技、商务等产业要素聚集，重点发展多业态融合的数字时尚消费空间载体。

3.促进存量产业空间活力复兴

以张家湾小镇、798艺术区、751D·PARK北京时尚设计广场、郎园文化创意园等产业园区为载体，大力引进数字经济、创意设计、文化创意等领域的企业，加速空间资本与产业资本的功能叠合与双向放大，促进现有存量产业空间腾笼换鸟。

（五）制定出台专项政策举措，强化数字经济综合治理

1.加大对时尚产业数字化政策的精准扶持

统筹多领域财政专项资金，加大对重点企业数字化转型和重大数字时尚项目的支持力度，对各类数字时尚公共服务平台按照项目投资的一定比例予以资金扶持；允许中小微创意设计、文化创意、服装服饰企业在数字化方面的投入在企业所得税前加计扣除；对数字化项目投资形成的固定资产和无形资产允许按照相关规定一次性计入成本费用税前扣除或者加速折旧摊销。引进和培育国际化、复合型商业运营、供应链数字管理、数字时尚设计、时尚消费服务等领域专业人才，加大对时尚产业高端人才和时尚数字化高精尖人才的扶持力度。

2.强化数字经济综合治理

依托全市数字经济市场监管体系，对标数字技术的风险防控要求，围绕构建自主可控的时尚创新生态，完善平台企业垄断认定、数据分级分类收集使用管理、消费者权益保护等方面的监管措施，有效提升时尚数据安全保障能力。加大数字时尚技术专利、数字时尚版权、数字时尚内容产品、个人隐私等领域内的保护力度，积极参与全球数字时尚治理及相关标准制定。

（熊兴　北京服装学院时尚研究院
刘传岩　中咨海外咨询有限公司）

参考文献

[1] 洪芳华，蒋越，徐弘道，等．“三型两网、世界一流”战略下的供应链智慧运营模式[J]. 中国商论，2019（22）：19–21.

[2] 王晨儿．跨界融合　倾力打造创新生态共同体——时尚产业数字技术创新联盟成立[J]. 纺织服装流行趋势展望，2021（3）：16–16.

[3] 丛小棠．欧洲文艺复兴时期男装3D虚拟还原可行性探究[J]. 服装设计师，2021（10）：108–112.

[4] 段志强 . 数字焕新生—北京时尚控股公司关于“数字时尚”的探索与实践 [J]. 中国服饰，2021（1）: 42–43.

[5] 唐建国，赵刚 . 北京：建设全球数字经济标杆城市策略 [J]. 中国信息界，2022（1）: 56–59.

[6] 俞建勇 . 打造数字时尚新优势 [J]. 中国服饰，2021（6）: 13–13.

[7] 祝帅，张萌秋 . 国家战略与中国设计产业发展 [J]. 工业工程设计，2019，1（1）: 16–27.

[8] 刘常峰 . 首都时尚产业数字化发展路径 [N]. 北京日报，2021–05–27（7）.

第七章　北京市朝阳区打造国际化数字时尚产业生态圈的路径研究

近年来，北京市朝阳区一直将数字经济作为全区的主导产业方向。2020年，朝阳区在全市率先出台《打造数字经济示范区实施方案》，2021年，北京市又赋予朝阳区打造数字经济核心区的功能定位。“十四五”期间，全区将通过加快布局基础设施、打造核心产业、深化融合发展、优化营商环境等一系列举措，开启数字经济发展战略新征程。与此同时，作为“中国涉外第一区”和全市经济强区，其时尚产业发展也卓有成效，并已成为展现新时代大国首都新形象、促进消费提质升级、推动产业跨界融合创新的重要抓手。因此，积极探索打造国际化数字时尚产业生态圈，有利于进一步提升全区时尚产业链供应链现代化水平，全力抢占全球时尚产业价值高地，为朝阳区构筑特色国际化数字经济生态圈以及北京打造全球数字经济标杆城市提供重要支撑和有益尝试。

一、如何理解国际化数字时尚产业生态圈

（一）产业生态圈的概念及特征

产业生态是以产业经济学与生态学为基础的一个交叉学科理论。1989年，“产业生态”的概念首次出现在美国学者福布什（Frosch）和尼古拉斯（Nicolas）的《制造业战略》一文中，他们认为产业生态是由制造业和服务业组成的产业群落在与其内外部环境相互作用下形成的一个复杂系统。2003年，中山大学袁政率先提出了“产业生态圈”概念，认为“产业生态圈是指某种（些）产业在某个（些）地域范围内业已形成（或按规划将要形成）的以某（些）主导产业为核心的具有较强市场竞争力和产业可持续发展特征的地域产业多维网络体系”。高宝华认为现代产业生态圈指的是一定区域内形成的企业、要素、技术、产业以及配套服务、环境之间相互促进、相互影响的网络系统。

产业生态圈与传统产业链在概念上有所差异。产业链强调的是企业主体间形成上下游协作配套关系，而产业生态圈不仅关注产业本身，还包括其他各个支撑产业发展维度的一个多维体系，展现的是一种新型产业发展模式和产业布局形式。在这

个系统中，产业链、供应链上下游企业之间相互配套，促进技术、资金、信息、人才、物流等要素的有序流动、科学配置和优化组合，实现产业向价值链高地跃升，构建形成要素集约、平台多元、业态融合、功能完善、配套齐全的产业生态系统。

根据上述定义，产业生态圈的主要特征可以归纳如下：

1. 整体系统性强

产业生态圈内的上下游产业之间环环相扣、层层推进，通过集聚、协同、共享、融合形成若干个微观产业链，各个组成部分相互联系、互为配套、缺一不可，形成了一个有机的统一整体。

2. 兼具竞合关系

产业生态圈内的市场主体与其对手间既有冲突竞争，又有合作双赢。市场主体通过竞争来提高企业自身的生存能力与获利能力，进而促进整个产业的提档升级。与此同时，不同市场主体通过有效的合作机制来降低经营成本、拓展发展空间，进而促进社会分工细化和整体效率提升。

3. 强调开放创新

产业生态圈不是一个封闭的系统，而是更加注重提升人才、资金、信息、技术等要素资源国际化程度，鼓励和推动生态圈内部成员的更换与接纳，推动对外开放向更高水平迈进。产业生态圈可持续发展的核心和关键仍然是创新，充分应用大数据、云计算、物联网、人工智能等新一代信息技术，积极推动技术创新、模式创新、业态创新、品牌创新、机制创新。

4. 注重多元融合

产业生态圈关注的不光是产业本身，还包括其他各个支撑产业发展维度的多维体系。因此，产业生态圈将产业功能区看作城市生产生活的一个有机组成部分，培育壮大不同类型产业发展平台，促进产业与城市、人融为一体，推动不同业态之间的联动、融合、共赢发展。

（二）国际化数字时尚产业生态圈的组成及内涵

朝阳区国际化数字时尚产业生态圈是以创意设计和时尚消费为核心，以数字技术为支撑，以媒体传播和论坛展会为平台，以时尚智造为基础，以抢占价值链高地和提升国际化水平为目标，引导产业链上、中、下游各类要素资源的自由流动与共享，促进关联组织和个人之间的匹配、协作与融合，构建形成一个多维度网络体系和有机生态系统，实现参与各方稳定协调、互联互通、融合共享，为促进数字技术在时尚产业的推广应用和时尚产业的高质量发展提供重要支撑。

朝阳区国际化数字时尚产业生态圈包括生产供给、科技创新、服务配套、人力资源、发展空间、政策管理六个维度。

1. 生产供给维度

从数字技术与时尚产业融合视角出发，围绕时尚产业构建一个完整的核心—支持—配套产业体系，并根据现状进行强链、补链，优化调整生产力布局，有效增加数字化时尚产品、数字化时尚体验场景、数字化时尚营销网络等供给。

2. 科技创新维度

根据时尚产业数字化、数字经济时尚化的创新需求，整合企业、高校、研究机构、消费者等主体，构建完善“产学研用”联动机制，研发、转化、推广、应用一批新兴前沿数字技术，为时尚产业高质量发展提供重要支撑。

3. 服务配套维度

服务配套维度包含了专业性机构提供投融资服务、信息和大数据服务、科技研发服务、品牌培育服务等，以上配套服务通过与数字技术、时尚产业之间的高效协作来支持数字技术与时尚产业的融合发展。

4. 人力资源维度

创意与创新是整个“数字+时尚”融合发展过程中的核心竞争力，而人是创意的生产者。在这个维度里，应对构成产业人群的管理人才、技术领军人才、专业设计人才、优秀营销人才等各个层次类别人才制定分类招引策略，保障产业发展的人才供给。

5. 支撑体系维度

着眼于支撑产业快速发展，从线上服务平台建设、产业园区数字化改造、高标准数字基础设施、城市更新与品质提升等方面开展规划建设工作。

6. 政策管理维度

通过制定和实施各类支持数字技术与时尚产业融合发展的政策、法规，创新行业发展监管方式，打造产业发展的良好营商环境和消费环境。

（三）建设国际化数字时尚产业生态圈的作用和意义

1. 落实一系列新要求、新任务部署的具体实践

新版城市总规赋予了朝阳区新的功能定位，北京市委员会、北京市人民政府明确了朝阳区“文化、国际化、大尺度绿化”的主攻方向，着力打造“双区”“双城”建设的主阵地和承载区。在此背景下，探索打造国际化数字时尚产业生态圈，与朝阳区建设国际化数字经济生态圈和释放时尚商业新活力的思路与目标一脉相承，有利于整合数字经济、时尚经济要素资源，切实承载和放大朝阳区核心城市功能，增强朝阳区在北京“四个中心”“四个服务”发展过程中的地位和作用。

2. 推动产业提质升级和经济高质量发展的有益尝试

当前，朝阳区以商务服务、批发零售为核心的产业体系面临新模式、新场景强

势崛起的挑战，创新驱动的产业体系尚未形成，新旧动能转换迫在眉睫。与此同时，朝阳区高端商务服务产业体系完善，拥有一批具有较强综合竞争力和行业影响力的时尚类企业、高校、协会及标志性活动等，具有丰富的“数字+时尚”融合应用场景。通过打造国际化数字时尚产业生态圈，推进数字化设计、数字化制造、数字化营销和数字化体验等创新发展，开发一批数字时尚产品，切实增强区域产业带动能力和全球资源配置能力，有助于朝阳区在新经济领域实现“弯道超车”以及进一步增强国际资源要素配置枢纽功能。

3.促进城市更新和“三生”融合的重要载体

当前，朝阳区汇聚了近100%的外国驻华使馆、北京市70%的跨国公司地区总部和65%的国际金融机构，外商投资企业占全市40%，北京CBD在世界商务中心区吸引力指数总排名跃居全球第7、亚洲第2、保持全国第1；建成102个文化产业园区，规模以上文化企业数量超过1900家，居全市首位。与此同时，全区众多的文化产业园区开发建设相对不及预期，加之老旧小区多、面积大、产权性质复杂、改造需求多样，生产、生活、生态“三生”融合程度相对不高，难以切实展现现代化首都风貌和文化形象。因此，打造国际化数字时尚产业生态圈，有利于推动时尚类、文创类产业功能区数字化改造，将其打造成为融入城市发展历史进程、承载城市发展核心功能、与城市发展同成长共进步的利益共同体，为增强城市极核功能、辐射带动作用提供载体支撑。

二、朝阳区打造国际化数字时尚产业生态圈的基础条件

（一）发展基础

1.时尚产业发展基础夯实

当前，朝阳区时尚产业高端要素资源加快集聚，时尚设计、时尚智造、时尚消费等业态不断推陈出新，时尚文化引领作用更加彰显。朝阳区拥有北京服装学院、中央美术学院、中国纺织科学研究院等时尚类教育、研究机构，常年承办中国国际服装服饰博览会、中国国际时装周等国际性、国家级时尚类展会活动，时尚传媒集团、爱慕、东尚、雷蒙、SKP等知名时尚类企业以及国贸、三里屯、蓝色港湾等知名商圈在区内集聚。目前全区共引进各类首店占全市近5成，全市引入首店数量前10名的购物中心，朝阳区占9家，“潮牌”和“网红店”等时尚轻奢消费蓬勃发展。依托国家文创实验区建设，全区建成100余个文化产业园区，文化类企业9万余家，规模以上文化企业数量超过1900家，居全市首位。其中，798、751、郎园、莱锦等32家园区被认定为市级文创园区，占全市的33%；北服时尚设计产业创新园则是中关村国家自主创新示范区唯一的服饰时尚设计产业项目。此外，朝阳区也与北京服

装学院建立了战略合作关系，北服设计创新中心落地望京小街。在2021年3月举办的“2021朝阳时尚峰会”上，朝阳区人民政府联合中国纺织工业联合会、北京服装学院和与会代表共同发起了“时尚赋能高质量发展”朝阳共识，旨在携手搭建国际时尚文化交流智慧平台，引领北京国际消费中心城市建设。

2.数字经济发展势头良好

近年来，朝阳区将数字经济作为全区主导产业方向，2020年在全市率先出台《打造数字经济示范区实施方案》，2021年被赋予全市数字经济核心区的功能定位。望京SOHO、国际电子总部等标志性楼宇集聚一批数字经济总部企业，西门子、ABB、阿里巴巴、苹果研发、奇虎360、超图软件等产业领军企业扎根发展，初步形成了CBD数字金融、朝阳园数字产业、金盏数字贸易“三大数字经济增长极”。不断完善新型基础设施布局，累计建成5G基站4889个，保持全市领跑。“十四五”期间，通过加快布局基础设施、打造核心产业、深化融合发展、优化营商环境等一系列举措，全力构筑具有朝阳特色的国际化数字经济生态圈。

3.“数字+时尚”融合发展成效逐步显现

近年来，朝阳区时尚类企业积极推进数字化转型，在产品研发、创意设计、供应链管理、营销与传播等关键环节大力推广应用数字技术。例如，北京时尚控股旗下企业铜牛集团组建了3D数字工作室，通过3D数字技术和研发设计，将制衣周期由77天缩短到33天左右。该企业还通过国内领先的人体三维数字化测量系统，精准获取人体三维数据，实现了快速地量体裁衣，为互联网定制服务提供技术支撑。朝阳区以三里屯、蓝色港湾、国贸、望京等商圈为试点，搭建“云逛街”平台，率先打造一批数字潮流街区。

（二）问题挑战

在诊断朝阳区时尚产业、数字经济发展过程中遇到的困难和问题基础上，对标产业生态圈的六大维度，朝阳区构建国际化数字时尚产业生态圈存在以下问题与挑战。

1.数字技术渗透相对不够

受非首都功能疏解政策影响，虽然全区拥有众多时尚设计、服装服饰、文化创意企业和品牌，但时尚产业一般制造、批发贸易等具有规模化、标准化特征的产业链环节基本上已经迁出。因此，这些产业链环节的缺失，智能制造、智慧零售、综合性交易平台等数字技术难以大规模、低成本地推广应用。加之全区时尚类企业仍以中小企业为主，但中小企业的数字化门槛依然较高，这就使得数字技术在时尚行业中的渗透相对不够。

2.数字时尚项目引领带动作用相对不足

虽然全区部分文创园区、时尚街区开展了数字化改造，落地了一批“数字+时尚”融合项目，但与深圳市龙华区大浪时尚小镇与华为携手打造数字时尚产业新城、上海市奉贤区强化东方美谷数字化转型、广州市海珠区打造直播电商基地、杭州市临平区艺尚小镇打造“中国数字时尚第一镇”的具体举措和已有成效相比，缺乏具有强大引领带动作用的标杆性、旗舰型项目，使得其对要素资源的集聚能力、对产业链上下游的带动能力相对不足。与此同时，北京市通州区张家湾设计小镇、石景山区首钢园等也积极实施数字化发展战略，一批数字时尚技术、场景、项目逐步落地，这也对朝阳区打造数字时尚产业生态圈带来了潜在的竞争。

3.数字时尚产业政策体系相对不完善

当前，朝阳区相关职能部门出台了一系列资金扶持项目推动产业高质量发展。其中，产业发展引导资金项目、数字经济产业创新发展资金支持项目、高质量文旅发展扶持资金项目等对“数字+时尚”融合发展起到了一定的促进作用，但相关政策并未很好地将朝阳区的时尚科教、金融商务、对外开放等比较优势与数字时尚加以整合。与此同时，随着数字经济、时尚经济领域新业态、新模式层出不穷，旧有的要素资源配置方式以及现有的产业政策体系难以满足数字时尚发展的需求。特别是在时尚企业数字化改造升级、时尚产业新基建、数据产权归属及数据安全保护、平台经济和共享经济发展引导及监管等领域尚存在一定的政策缺失和监管盲区，需要在产业政策顶层设计上更加精准和聚焦。

三、朝阳区打造国际化数字时尚产业生态圈的思路与路径

（一）总体思路

1.以技术渗透与业态融合为引领，构建优势互补、相互成就的产业共同体

当前，时尚产业数字化和数字产业时尚化已成为两大新经济融合发展的广阔“蓝海”，数字经济将从根本上改变时尚产业的生产方式、消费关系和供应链属性，而以智慧预测、智慧设计、智能制造、智慧发布、智慧营销为核心的数字时尚新业态、新模式能为数字经济开辟全新的市场空间，进一步反哺数字经济发展。因此，打造国际化数字时尚产业生态圈，要聚焦朝阳区城市功能定位和发展战略，以技术渗透与业态融合为引领，促进数字经济与时尚经济产业链、要素链、供应链、价值链和创新链“五链融合”，推动相关产业园区串点成链、聚链成圈，构建优势互补、相互成就的产业共同体，打造一个交互链接、降本增效、融合赋能开放的自循环体系。

2. 以增强核心竞争优势为重点，构建集群化发展、市场化运行、专业化服务的利益共同体

一个产业的核心竞争优势主要体现在能否拥有行业话语权、市场议价权和产业主导权。因此，为了切实增强全区数字经济、时尚经济核心竞争优势，国际化数字时尚产业生态圈的建设要围绕提升行业话语权、市场议价权和产业主导权展开。这就要注重发展壮大跨界创新型中小企业，通过微观主体的共生发展推动相关领域的相互绑定、利益共享，实现产业链、供应链关键环节的自主可控；要发挥产业联盟、行业协会桥梁作用，推动市场信息、技术专利、高端人才、产业资本等核心要素资源融合共享，有效降低要素获取成本、提升资源整合能力；要依托全区商务服务业发展基础，培育为“数字+时尚”融合发展服务的专业化机构，打造一批数字时尚综合服务供应商和品牌营销商。

3. 以促进产城融合和城市更新为方向，构建文化引领、时尚彰显、消费活跃、生态宜居的生活共同体

进入高质量发展阶段，文化氛围、价值认同、生活方式、情感体验等与“人”紧密关联的特质成为激发城市活力的关键。因此，国际化数字时尚产业生态圈要面向未来的城市发展新形态，探索构建文化引领、时尚彰显、消费活跃、生态宜居的生活共同体。其中，一是要深化与北京服装学院、中央美术学院等高校合作，强化与国际知名时尚城市的合作交流，着力打造“时尚之城”。二是通过数字赋能进一步彰显城市时尚特质，建设产、人、城融合的时尚创意集聚区，打造时尚消费新地标，从塑造特色文化城市品牌、优化城市既有空间品质、营造城市消费多元生态三个方面助力产城融合和城市更新。

4. 以培育“双城”建设动力引擎为目标，形成创新驱动、平台赋能、商务协同的开放共同体

当前，朝阳区正处在建设全球数字经济标杆城市、国际消费中心城市核心承载区的关键时期，必须加快构建产业协作、创新协同、载体共建的区域经济形态。因此，要以平台经济理念引领国际化数字时尚产业生态圈建设，使产业生态圈成为时尚原创设计的策源平台、数字时尚技术的转化平台、高端时尚要素资源的汇聚平台和国际时尚产业商务合作的交流平台，全面提升产业生态圈整体经济效率和发展能级，助力朝阳区“双城”建设。

（二）主要路径

1. 生产供给维度：促进“两大”经济融合，扩大高品质数字时尚产品供给

把握时尚经济、数字经济发展规律与趋势，积极推进时尚产业数字化、数字经济时尚化，构建形成以数字文化创意为引领、数字时尚设计为基础、数字时尚消

费为动力、数字时尚制造为补充的数字时尚产业体系，形成一批跨界融合、引领潮流、行业影响力大、综合效益高的数字时尚产品、活动。

（1）着力打造数字文化创意产业集群。依托国家文创实验区建设，利用新一代数字技术，按照“虚实共生、内容共创、理念共建、价值共享”的思路，积极推动文化的要素化生产、创意的工业化转化和消费的沉浸化重塑，推动数字文化产业高质量发展。积极推动5G+8K、虚拟现实等新技术在文化领域的创新应用。依托电子城·新媒体创新产业园、中国出版创意产业基地等重点项目，大力培育网络新视听、线上演播、数字艺术、数字传媒、数字出版、数字广告等数字文化新业态。培育“打卡朝阳”等一批文旅IP，通过版权内容、制作技术、呈现方式等方面进行创新，推动IP商业化，制作网络动漫、网络游戏、网络文学等，培养壮大以互联网文化娱乐平台为核心的数字化广播影视产业。

（2）大力提升时尚设计智能水平。在纺织服装设计领域，探索采用独建或联建等方式建立CMF（色彩、材料、工艺），款式，版型，产品图谱库等数据库，为中小企业及独立设计师提供数字设计资源贡献服务以及3D设计、改版、数字样衣生成与展示等服务。在时尚消费品设计、景观环境设计、广告设计等领域，推广应用大数据分析与3D仿真技术，实现设计可视化和工艺仿真。

（3）探索开发新兴数字时尚消费产品。支持企业运用虚拟现实（AR）、增强现实（VR）、3D引擎、物联网等技术推进数字穿搭场景探索和功能迭代，探索开发数字人、虚拟偶像、虚拟服饰等新兴数字时尚产品，积极推广立足虚拟形象的健康新生活方式。创新虚拟发布会、数字展示、云上展会、直播带货等线上活动模式，拓展和提升线下时装周、设计周、消费节等活动发展空间和综合影响力。鼓励和引导电子消费品、数字技术装备研发设计企业围绕数字技术与时尚产业融合发展需求，研制生产虚拟现实头戴显示设备、增强现实眼镜、混合现实娱乐及数据手套、游戏控制器等动作感知、追踪定位和人机交互装置等时尚化数字消费品，开展移动智能终端、3D扫描仪、超感影院和广播影视融合媒体制播等装备的研发、中试和示范推广工作。重点推动可穿戴技术与服装服饰的融合发展，通过小型传感器将与服装结合，搭建以个人为基础的物联网，提供个人健康监测、个性化社交等功能。

（4）积极推进制造环节数字化改造升级。当前，虽然全区基本已经将一般制造环节疏解，但诸如爱慕等纺织服装企业仍在北京其他地区保留一定的生产制造能力。综合考虑满足消费者日益增长的个性化需求以及企业自身降本增效的发展要求，继续引导和支持纺织服装企业全面推进制造环节数字化改造升级。借助MES等智能制造系统，推广应用智能化制造、C2M定制、3D打印等数字化制造模式，对整个制造过程进行计划排产、智能控制和效能优化。

2.科技创新维度：聚焦“三大”领域创新，抢占国际数字时尚价值链高地

打造国际化数字时尚产业生态圈，要从品质、渠道、场景三个维度推进科技创新，加大数字技术的行业渗透，拓宽数字技术的应用场景，引导数字技术的价值转化，构建新型的消费动力引擎，抢占国际数字时尚价值链高地。

（1）增强时尚制造的品质创新之力。促进时尚产业领域内技术创新的簇群化与融合化，持续推进时尚制造的技术创新、产品创新、工艺创新。顺应个性化、细分化的需求升级，加快具有自感知、自学习、自决策、自执行、自适应等功能的新型智能制造，构建“小批量、多品种、高质量、快交货”的快速反应机制；开展人工智能时尚设计平台建设工程，利用人工智能技术开发色彩、图案、面料、款式，设立全产业链创意设计数据中心，智能化输出流行趋势动态。

（2）增强时尚营销的渠道创新之力。鼓励、引导企业进行数字供应链创新与改造，统筹推进线下实体店数字化升级、传统电商平台运营、新兴社交媒体营销，鼓励与时尚产业相关的跨境电商平台发展，构建完善OAO（Online And Offline，线上和线下）全渠道时尚营销及流通体系。支持智慧零售、跨界零售、无人零售、绿色零售等新业态、新模式发展，助力时尚品牌升级全渠道数字化营销模式。顺应体验式、交互式消费的需求升级，综合采用包括射频传感技术、物联网技术、云计算技术在内的新一代信息技术，打造新社交时代的第三空间，导入VR试衣间、品牌线上线下联合营销、个性化定制服务、商圈智能化管理等功能，将混合现实营销嵌入实体零售展示，实现消费者与商品互动。

（3）增强时尚体验的场景创新之力。在国贸、三里屯等重点商圈试点建设智慧商店、智慧街区、智慧商圈，加大AR虚拟试穿、VR虚拟购物等体验式消费场景应用，逐步实现商圈核心业务在线化、运营管理数字化、消费场景智慧化，促进传统商圈向体验式、参与式、互动式转变。在南部地区规划建设直播基地，促进直播带货等“网红经济”发展。推广“望京小街”经验，支持北京芳园里ID MALL、华贸天地西街等商圈发展，打造一批舒适便捷、科技感强的网红街区。探索建立集科技、休闲、娱乐、潮流为一体的时装旅游综合体。

3.服务配套维度：提升“四个”服务水平，营造数字时尚发展的有利环境

（1）投融资服务。整合数字经济产业创新发展、高质量文旅发展等专项资金资源，加大对时尚类数据平台、新媒体、电商、智能终端等数字技术与时尚产业融合发展项目的支持力度。加强与国内外投资机构的合作，为本区时尚类初创企业、时尚消费行业、新兴数字时尚发展模式的培育与发展拓宽投融资渠道。充分发挥中关村国家自主创新示范区、国家服务业扩大开放综合示范区和中国（北京）自由贸易试验区等政策的叠加优势，在数字经济、时尚产业领域推动上市高新技术企业股权激励、资本支持创新便利化等试点政策落地，深入开展股权投资和创业投资份额转

让试点。

（2）信息和大数据服务。充分发挥朝阳科技创新、设计创意和国际化程度高的多重优势，通过数字化驱动，聚焦时尚产业中的知识密集型环节进行深度提升，整合区内外“产学研用”等多方资源，探索打造以工业互联网平台、人工智能及大数据支持下的行业数据决策平台为核心的时尚产业“数智中心”。通过工业互联网平台将供应链各节点企业有效集成，实现智慧设计、采购、生产、营销、服务；依托行业数据智能决策平台，对消费数据、产品数据等进行分析，并利用相应算法和模型解决对应问题，协助相关企业有效运营决策。

（3）创新研发服务。逐步加大区级科技资金投入力度，适时研究制定并出台一批时效性强、精准性高的数字时尚科技创新支持政策。充分发挥朝阳区科技创新创业引导基金的作用，支持设立面向数字时尚的投资子基金，不断完善政府引导、市场主导、社会广泛参与的科技资金投入机制。紧密衔接市级科技项目分类评价制度，鼓励本区“产学研”单位开展数字技术与时尚产业融合发展的重大原创性、颠覆性、交叉学科创新项目。支持建设面向数字文化、数字时尚消费等细分领域的“互联网+”国际技术转移服务平台，加快促进创新链与产业链的深度融合发展。

（4）品牌服务。顺应北京发展“繁荣首店首发经济”的消费驱动战略，积极鼓励国际高端品牌、时尚前沿品牌等在朝阳区开设全球性、全国性和区域性的品牌首店、旗舰店、体验店。激发时尚品牌原创性、根植性的文化动力，以中华哲学、东方美学作为生活美学和态度主张，培育形成本土国际时尚品牌。在网络购物、本地生活服务、视频直播等领域重点培育一批规范化的消费平台类头部企业和直播电商类头部企业，孵化一批“北京网红”品牌。深化与京东、阿里巴巴等跨境电商合作，助力本土时尚品牌顺利出海、降本增效。

4. 人力资源维度：形成“三个”长效机制，最大限度激发人才创新、创造、创业活力

（1）跨学科人才培养机制。依托北京服装学院、中央美术学院、中国传媒大学、中国纺织科学研究院等高校、科研院所，主动对接伦敦时装学院、美国帕森斯设计学院、米兰理工大学等世界知名时尚类高校，开展联合办学和交流访学的活动。在新文科建设大背景下，实施跨学科人才培育计划，加大应用型、复合型和技能型人才培养力度。尤其是要立足科技、文化、艺术、时尚的融合，重点开设数字设计、数字化供应链管理、数字时尚营销、时尚新媒体传播等专业课程，培养具有宽广的国际视野、具备跨文化思维能力、跨领域资源整合能力的优秀时尚类人才。通过订单培养、学历教育与职业教育并举等多种方法，培训一批数字时尚行业紧缺人才。推进与天津、河北地区教育培训机构、时尚企业及行业协会的合作，提升时尚学科建设、人才培养、科研服务等方面的协同发展能力。

（2）中高端人才汇聚机制。探索构建国际化、复合化、高端化首都“数字+”“时尚+”产业人才生态发展系统。丰富国际高端培训、国际联合培养及研修培训、国际合作交流等多种培训形式，构建面向世界、面向未来、面向市场的院校教育、专业培训与职业发展紧密结合的中高端数字时尚人才培养、开发和引进体系。加快数字时尚领军人物和拔尖创新人才的培养与引进，推进一线品牌设计大师、数字时尚创意人才、时尚KOL、专业买手在朝阳集聚；围绕推动新消费体验化、品质化、数字化发展，促进新商业服务领域人才引进培育。借助使馆区外交资源辐射优势，积极引进举办国际重大时尚类赛事、会展活动、高峰论坛等活动，吸引全球顶级人才和创业团队等高端要素资源在朝阳汇聚。

（3）全方位人才服务机制。高标准推进望京国际人才社区建设，打造一批“人才公园”，优化国际数字时尚中高端人才住房、子女教育、医疗等配套服务体系，增强在朝阳工作生活的“黏性”。探索引入社会市场力量，构建“市场化”服务机制，为重点企业、高成长性企业和中小微企业提供针对性人才服务，满足日益增长的人才个性化、多元化服务需求。加强创新创业服务支持力度，积极为数字时尚创业人才提供资金、应用场景、空间、培训咨询等各方面支持。提供海外人才创业就业便利，为国际专业人才从业提供更加宽松便利的环境。

5. 支撑体系维度：夯实“四大”方面支撑，有效拓展产业发展空间

（1）多元化平台支撑。数字时尚发布平台。当前，中国国际时装周国际影响力不断提升，正成为我国独立设计师品牌、优质“海归”品牌首发平台之一。因此，朝阳区应进一步依托中国国际时装周等权威时尚发布平台，积极推广数字时尚新技术、新场景、新模式及新产品，提升原创品牌的品质、品类与品位。

数字时尚活动平台。积极引进具有国际影响力、能够引领全球时尚潮流的品牌展会、赛事活动、知名时尚秀展等高端时尚消费活动。抓住朝阳区乃至北京市举办的各类赛事、节事活动，探索植入数字时尚元素，积极展示朝阳区城市时尚风貌和形象。充分抓住2022年北京冬季奥运会成功举办、北京环球影城顺利运营带来的历史性机遇，谋划兼具本土特色和国际元素的数字时尚特色活动，提升本土数字时尚品牌、企业及产品的国际能见度和行业影响力。

数字时尚消费平台。围绕首店经济、夜间经济、商业特色、潮流场景、丰富业态等多角度，搭建“云逛街”平台，布局一批时尚买手店和沉浸式时尚消费体验空间，重点将国贸商圈、金盏国际合作服务区打造成为国际时尚品牌数字消费集聚中心区。支持建设跨境电商示范体验店和进口商品交易平台，扩大进口消费。

（2）产业集聚区数字化改造。积极推进798、751、中关村时尚产业创新园、郎园、莱锦等重点产业集聚区开展数字化改造。探索构建“数字孪生”产业园大脑，采用多网融合解决方案，整合园区内各子系统信息资源，打通数据孤岛，实现园区

内全量、全要素和全场景数据的汇聚、融合与共享。构建产业服务、园区管理、生活服务、能源管理和基础设施等“智慧化场景”，实现园区管理者、入驻企业、意向企业、员工和物业等多参与方极致化数字服务体验。通过产业集聚区数字化、艺术化、商业化改造，打造一批数字艺术体验场景、数字时尚消费体验中心和数字时尚经济网红打卡地，为消费者呈现一场全方位、零距离的数字时尚经济触达式体验。

（3）高标准数字基础设施建设。将本区重点时尚类产业集聚区、消费商圈优先列入千兆固网和5G网络建设计划。支持本区时尚类骨干企业及时尚类电商平台打造时尚产业数据中心，推出基于数据平台的人工智能应用、云服务和供应链管理服务。围绕产业高附加值环节建设工业互联网平台，依靠5G技术实现面向京外的制造配套环节的远程技术部署、工艺改造和产能控制等。围绕数字街区、数字楼宇、数字门店和数字秀场等场景，通过智慧街区多功能杆，搭载数字时尚展播广播屏，释放数字时尚魅力。

（4）城市更新与品质提升。在朝阳区城市规划框架和城市更新部署下，进一步促进全区时尚产业与城市之间的资源耦合，让时尚创意空间的功能嵌入城市更新。加快建设艺术品展览馆、美术馆、博物馆、文化艺术中心等新型时尚文化空间，鼓励利用闲置工业厂区、绿色开敞空间等场所建设文化时尚中心、消费体验中心等新型载体，融聚时尚消费，提高审美意趣，构建城市集体记忆，再造具有空间尺度和时间温度的城市生活、生产及生态空间。

6.政策管理维度：落实“一批”扶持举措，强化数字时尚发展政策保障

（1）强化资金支持。加大财政对时尚产业发展的支持力度，支持将时尚消费街区消费基础设施升级改造项目纳入区政府投资计划，争取市级财政给予适当补助。由政府引导基金、行业龙头企业等共同出资，按照市场化方式设立时尚产业发展基金。引导金融机构加强对时尚产业的金融支持，增加适合时尚小微企业的融资品种，加快发展商标权质押等新型信贷业务。支持时尚企业上市、发行债券，利用资本市场直接融资。

（2）保障空间需求。适应时尚产业新业态、新模式特点，积极探索业态复合、功能混合、弹性灵活的供地方式。通过城市更新、盘活存量建设用地等方式，挖掘时尚产业发展空间，按相关规定合理提高容积率，鼓励时尚产业“上楼”。支持数字经济、时尚经济领域的优势企业主体和重大功能平台优先用地。顺应时尚产业加工制造环节与创意设计、品牌营销等功能的空间分类趋势，引导时尚产业在中关村其他园区、北京市经济开发区以及京津冀地区内优化空间布局。

（3）加强知识产权创造、管理、运用和保护。建立健全时尚品牌、创意设计项目知识产权预备案制度，鼓励时尚企业和设计师及时进行专利申请和著作权登记。

建立知识产权交易、托管等平台和机制，促进时尚产业知识产权高效有序流通。完善知识产权入股、分红等形式的激励机制和管理制度。建立健全对知识产权侵权行为的预防、预警和快速应对机制，严厉打击涉及时尚品牌、创意设计商标权、专利权、著作权等知识产权的侵权行为。

（4）加强宣传推介。引进国内外顶尖时尚媒体机构，扩大本地时尚媒体影响力，推进传统媒体和新媒体融合发展，培育发展时尚新媒体和自媒体。鼓励国内知名时尚媒体机构在朝阳区设立分支机构。引导各类传播载体加大对时尚产业、时尚活动等的报道力度，发布时尚流行趋势、推广时尚生活观念、分享时尚生活体验，开创朝阳区时尚风格。支持建设面向渠道、时尚买手、设计师的时尚资讯网站和新媒体。发展时尚品牌自媒体，运用互联网思维，开展粉丝营销，传播品牌文化，展示时尚新品。

（熊兴　北京服装学院时尚研究院
席阳　北京服装学院商学院）

参考文献

[1] Frosch Robert A., Nicolas E. Galopoulos. Strategies for Manufacturing.[J] Scientific American, 1989（3）: 144–152.

[2] 袁政 . 产业生态圈理论论纲 [J]. 学术探索, 2004（3）: 36–37.

[3] 高宝华 . 构建具有国际竞争力的现代产业生态圈 [J]. 先锋, 2018（11）: 32–34.

[4] 陈文晖, 熊兴 . 关于北京打造国际时尚之都的思考 [J]. 中国纺织, 2018（6）: 122–124.

[5] 徐磊 . 中国演艺产业生态圈的构建与优化路径 [J]. 北京文化创意, 2020（5）: 82–89.

[6] 肖竹韵 . 基于产业生态圈理念的产业功能区规划方法探讨 [J]. 城市建设理论研究: 电子版, 2019（22）: 10–11.

[7] 丁肇辰, 岳冉 . 2020 年后的数字时尚与其特征——被激活的时尚版图 [J]. 创意与设计, 2021（6）: 18–29.

[8] 范锐平 . 以产业生态圈为引领　加快提升产业功能区能级 [J]. 先锋, 2021（4）: 16–20.

[9] 俞建勇 . 推动数字技术新突破　打造数字时尚新优势 [J]. 纺织服装周刊, 2021（6）: 13–13.

[10] 张杨傲冰, 刘元荻, 黄楠, 等 . 数字经济背景下时尚产业发展模式研究 [J]. 中国市场, 2021（30）: 8–9.

[11] 综合开发研究院（中国·深圳）课题组 . 城市现代化探索中的深圳实践 [J]. 开放导报, 2020（1）: 60–66.

第四篇

案例研究报告

第八章 时尚类企业数字化转型发展研究——以铜牛集团为例

21世纪以来，数字技术以在线交易、移动支付、远程交流等多种形式改变着人们的生产生活方式。新冠肺炎疫情加速了数字产业化和产业数字化进程，助推传统产业跨越数字化转型成本，构建数字化驱动下的成长路径。数字化正在以各种方式介入时尚产业链的各个环节，挑战旧的运营模式，释放新的机会。越来越多的时尚类企业通过数字化转型赋能企业成长，运用5G、大数据、云计算、人工智能、物联网等数字技术，全方位重塑发展战略、组织架构、业务流程和商业模式，构建以数据为核心驱动要素的价值创造体系，确保企业的可持续发展。在此，本报告以铜牛集团为例，重点研究北京时尚类企业的数字化转型路径。

一、时尚类企业数字化转型的背景

（一）产业数字化加速

在新一代信息技术创新突破和融合应用推动下，我国数字经济持续快速发展，2020年，我国数字经济规模达到39.2万亿元，相比2005年的2.6万亿元，年复合增长率19.83%，数字经济增加值占生产总值（GDP）比重高达39.2%，数字经济已经成为我国国民经济稳定发展的核心驱动力（图8-1）。实体经济与数字技术的融合发展持续深入，以智能制造、工业互联网为代表的产业数字化加速发展。中国信息通信研究院《中国数字经济发展白皮书2021》显示，2020年产业数字化规模高达31.7万亿元，数字经济占第一、第二和第三产业增加值比重分别达到8.9%、21%和40.7%。

（二）供应链竞争加剧

宏观层面，随着全球经济环境、政治生态、贸易格局的不断变化，欧美发达经济体对供应链安全的重视程度不断提升，全球供应链体系的调整和重构不可避免。我国面临供应链体系的巩固和升级的压力，需要以创新、数字化、智能化、绿色化等手段提高制造业供应链发展水平，保障供应链安全，提升制造业竞争力。

微观层面，在需求侧数字化进程加速发展的态势下，企业间的市场竞争已经升级为不同供应链体系间的效率竞争，企业需要以数字化、可视化、智能化提升自身供应链水平，以实现降本增效。

（三）消费对供给的牵引强化

随着消费者消费理念和消费需求的全面升级以及消费侧新模式、新业态的不断涌现，年轻消费群体的话语权增强，传统的供给向需求单向输出的供需关系发生改变。消费者的声音通过丰富、多元、互动的表达渠道影响着需求侧的其他人和供给侧的企业。消费侧对供给侧产品设计、生产制造、营销传播等环节反向牵引增强，促使企业从以产品为中心转向以消费者为中心，以数字化、智能化提升消费者洞察能力和柔性供应能力，从而提升企业供给与消费需求之间的契合度。

二、国内时尚类企业数字化转型的现状

（一）研发设计数字化

企业主导的传统服装设计开发，一般是针对企业的目标消费群体，在对流行趋势的研判下，基于企业自身的品牌文化、运作规律和设计模式，按销售季进行设计开发，所设计的产品具备系列化、标准化、批量化的特征，设计开发周期较长。然而在消费升级的背景下，当代消费者的需求更趋于多样化、个性化，产品设计面临高频次、短周期、个性化的压力。将数字化技术运用到开发设计环节，有助于解决传统设计流程周期长、效率低、成本高的问题，赋能企业更好地应对消费者快速多变、个性化的消费需求。与传统设计方法相比，数字化设计在设计意图的表达上更直观，修改完善更方便，设计数据共享更便捷，设计效率更高。数字制图技术可以使设计人员快速起草和调整设计图纸，三维模拟技术可以快速解决设计与人体的拟合问题，数字化设计更是减少了选样中使用的原型和样品的数量，大大地节省了开发时间、提升开发效率、节约开发成本。

由于服装具有较短的流行周期和较强的时效性，因此在设计开发过程中，对流行趋势的搜集、整理、分析、判断至关重要。传统的分析预测多基于设计师主观意识，缺乏对消费者需求的精准捕捉和精细分析，无法跟上数字时代时尚流行分众化、多样化、快速多变的趋势。在如今这个社交媒体高度发达时代，企业已经无法忽视消费者对时尚潮流的高度参与和深度影响，运用大数据、人工智能等技术，充分识别和深度挖掘消费者引领的潮流趋势，有助于企业做出更准确的流行趋势预测。

在追求个性的新世代消费者成为消费主力的当下，新品的开发必须突出以消费

图 8-1　我国数字经济规模及增速

数据来源：中国信息通信研究院《中国数字经济发展白皮书 2021》。

者为中心。数字技术的运用，使得企业可以进行精细的消费者人群画像与精准的消费者数据分析，更加精确地定位目标人群，真正做出满足消费者不断变化的消费喜好的设计，甚至使消费者直接参与到设计环节中，做出千人千面的设计，满足消费者个性化消费的需求。

安踏集团通过设计工具Ideation的算法和数据库，将设计师的2D设计图进行3D建模，实现3D虚拟样品设计图和生产出的样鞋照片高度一致。通过在Ideation上的3D虚拟样品设计和选品，安踏集团旗下品牌FILA在两周内完成新一季货品中超900种配色和所有样品的制作[1]。在传统模式中，前端设计和选品阶段只有20%~30%的样品被选中投入生产，从而造成70%以上的成本浪费，并产生了大量的物流和人工费用。安踏的数字化设计削减了半数以上的实体样品，极大地降低了打样成本，使总成本降低至原来的20%，并大幅缩短前端设计和选品阶段的时间，使得安踏前端整体进度节省约75%。

（二）生产制造数字化

随着“Z世代”逐渐成为消费主力军，服装消费偏好逐渐转向年轻化、多元化、个性化，线上消费的多样性促使新兴品牌和知名企业的子品牌不断涌现，时尚迭代越来越快，款式上新周期越来越短。在这一趋势作用下，原本批量大、款式少且排期稳定的单品销售量显著下降，生产端被迫承担越来越小的订单量和越来越高频次返单及调整的压力，越发考验企业灵活、快速响应的柔性制造能力。

随着消费需求的转变，服装企业迫切需要转型升级，以数字化、智能化、网络

[1] 柯国笠．安踏的全链条数字化升级之道[DB/OL]，晋江新闻网，2020-10-13.

化为创新发展的驱动力，推动管理模式和生产方式的深刻变革，实现新旧动能转换。在市场压力的驱动下，企业以数字化、智能化提升管理运营、生产制造、供应链的效率，通过管理流程信息化、生产过程智能化、物流仓储智能化等提升智能制造能力。管理流程信息化主要是采用ERP、PLM、MES、WMS等信息管理系统改善企业业务流程，畅通企业内部的信息流，提升不同系统之间的业务协同，使得运营管理更加高效，提高企业核心竞争力。生产过程智能化要实现信息与设备的深度融合，通过物料、设备和人的数据连通，实现对生产过程的实时协调、控制和监管，形成更高效率、更低成本、更高品质的生产方式。物流仓储智能化主要是通过应用射频识别、传感器等物联网技术，实现物料、制成品、备品备件的出入库、工序间流转、质检等过程的全方位有效管控，快速备料及配送，提高仓库流转效率，最大限度提升仓库利用率，降低仓库物流管理成本。

安踏同安工厂通过实施智能化、数字化、标准化的流程改造，全品类产品实现从裁剪、配料、车缝、整烫、包装到装箱的全流程贯通式生产。安踏计划分四个阶段实施包括全流程数据采集系统、自动化裁剪模块、AGV物流传输系统、高速分拣、高速传输、智能包装分拣、调配系统、集中挂片枢纽、智能柔性吊挂等在内的13项数智化改造，通过13个模块的串联贯通打造安踏特色的智能生产制造平台。在完成前两个阶段七大系统改造后，同安工厂的生产周期缩短至3~15天，同品人效提升18%~35%，产能提升21%~28%，成本同比降低11%，管理结构精简15%，流程优化超过30%[1]。

雅戈尔运用人工智能、大数据、云计算、5G等技术全面重塑生产方式，打造5G智能工厂。通过智能改造，在原来的大流水线上形成了一件也能生产的柔性制造能力，无缝衔接小订单以应对市场需求的变化。布设5G网络后，工厂实现了物联网布局，AGV自动运料小车、吊挂线、裁床、缝纫机、整烫机等各类生产要素互联互通，完整、实时的生产数据传上云端，进行在线分析和诊断，实现精细化、透明化管理。在智能工厂里，面料外观检测由视觉检测设备完成，工序合规监测由AI识别，由标准动作检测设备分析工人生产动作是否规范，由现场机器人约束工人行为规范，质检环节的自动化、数字化和智能化显著提升了生产质量把控水平。目前，全国的雅戈尔工厂均已覆盖5G信号，5G+MES+云联网技术的运用实现了跨地域工厂的可视化、透明化和互联互通，提高了异地一体化管理水平。一系列新技术的运用实现了降本增效，大单生产周期缩短到32天，量体定制周期缩短到2~5个工作日，生产效率提升25%以上[2]。

[1] 苏德焜，施雅雅．安踏“全流程一体化生产智造”项目智能工厂带来新突破[DB/OL]，晋江人民政府官网，2021-03-25.

[2] 殷聪，陈欣媛，廖小琴．加码“未来工厂”，开启宁波“智”造新时代[DB/OL]，2021-9-15.

（三）纺织服装产业工业互联网平台

工业互联网是我国“十四五”时期重点布局建设的新型基础设施，纺织服装产业工业互联网是实现我国纺织服装领域数字化、智能化转型的关键路径。我国拥有全球最完整的纺织服装产业链，具有产业链长、环节多、分工细的特征，涵盖纤维、纺纱、织造、染整、面料及服装多个生产制造环节，流程复杂、工序繁多，以纺织装备数字化和信息互联互通为基础，加快推动纺织服装产业工业互联网建设，实现企业外部供应链和内部生产系统的精准对接，是大幅提高生产效率、提升生产方式智能化、柔性化水平的有效途径。

以IoT、人工智能、物联网、大数据、云计算等技术为底层支撑的工业互联网系统的建设，需要投入大量的资金、人才和设备，连接上下游大量的资源，成本高、耗时长。中小企业柔性制造能力的提升相对困难，需要服装产业工业互联网平台助力中小企业的转型升级。目前已经形成多个不同形式的服装产业工业互联网平台，尝试为中小企业提供柔性制造、供应链协同、数字化解决方案等服务。

酷特智能（原红领集团）以数字化、智能化引领发展，经过十多年的改革创新，不仅实现了红领REDCOLLAR品牌以工业化的生产效率及成本制造个性化产品，达到一件起订、7个工作日交付的柔性快反水平，更打造出了SUIT ID服装C2M产业互联网平台，实现西装、衬衣、卫衣等产品从自主量体下单、3D智能设计、智能制造到物流配送等个性化定制和柔性制造的全产业链供需服务。SUIT ID服装C2M产业互联网平台解决了传统工厂做了再卖、产品同质化、大起订量、高库存和资金周转问题，相对于传统定制具有周期更短、成本更低、顾客大众化并且可复制等绝对优势，可为全球服装品牌商、中小服装企业、时尚设计师和时尚KOL等提供服装定制和柔性制造解决方案。根据酷特智能的战略规划，中短期内酷特智能将把SUIT ID打造成全品类服装C2M产业互联网平台，远期则致力于将其打造成为横跨不同行业的产业互联网平台。

犀牛智造是阿里巴巴专门为中小商家打造的数字化智能制造平台，以服装为切入，运用云计算、IoT、人工智能、RFID等技术，为中小服装企业、时尚主播、时尚设计师等提供柔性化、快速生产服务。犀牛智造旨在打造全球领先的数字化按需制造工业互联网平台，其五大核心支撑为需求大脑、数字工艺地图、智能调度中枢、区域中央仓供给网络和柔性智能工厂。需求大脑依托阿里巴巴海量数据，通过大数据分析，预测未来产品需求和销售趋势，帮助商家以需定销、按需生产；数字工艺地图采用3D仿真设计，通过数字化模拟技术，联动供需双侧的设计对接；智能调度中枢采用全域计划统筹，通过人工智能技术和物联网技术智能优化匹配产能；区域中央仓供给网络以数据驱动备料，通过对原材料的大数据分析预测，进行面料滚动供应，实现按需供料；柔性智能工厂采用自动化绣花、自动化梭织、自动化运输、自动化分拣、手臂机器人等智能设备进行生产，通过数据贯通实现产线平衡，提升小单效率。犀牛智造可提供100件起订、7天交货的小单、急单服务，以数据洞察和柔性制造能力，帮助中小企业按需生产、快速交付、压缩库存、降低成本。

哈勃智慧云是汉帛国际联手富士康打造的时尚产业工业互联网平台，以富士康成熟的工业互联网技术赋能汉帛柔性制造及供应链，同时为中小企业提供服装行业智能制造云服务，助力中小企业快速提升柔性制造能力。哈勃智慧云打通从需求端的订单下单及反馈、产能端的生产设备和工人、到供应链的物料调配及运输到库之间的数据穿透，通过IoT、无线射频、人工智能、工业大数据等技术，完成数据决策、订单排产、产前准备、裁剪管理、车缝管理、品质管理、设备管理、能源管理的全链条数据管理，将服装制造产能柔性化。哈勃智慧云平台提供的柔性制造服务，实现低至50件的小单起做和7至14天的交付服务，帮助客户降低库存、加快周转，解决了中小企业小单快返压力下的真实痛点，在缩短工期的同时，不良率降低20%，生产效率提升30%，能源成本降低15%。

三、铜牛集团数字化转型研究

北京铜牛集团有限公司始建于1952年，前身是以“六厂二校”之一而著称的北京针织总厂，是当时北京最大的国有针织企业，是北京纺织工业“三棉四毛一根针”的重要组成部分，先后经历了北京市人民针织厂（建厂）、北京针织总厂、北京铜牛针织集团有限责任公司到北京铜牛集团有限公司的发展历程。铜牛集团在几十年不断的转型发展过程中，通过经营机制转换、产品结构调整、企业品牌培育，孕育出了具有民族历史文化象征意义的“铜牛”品牌，走出了一条稳健的品牌企业发展之路。近年来，铜牛集团通过布局信息产业，以信息技术为驱动，走出了一条根植于服装行业的时尚与数字融合发展之路。

（一）布局信息产业

铜牛集团是少有的早期布局信息产业的纺织服装企业。2005年，铜牛集团设立北京铜牛信息科技有限公司，创新发展IT数据中心和增值服务；2010年变更为铜牛信息科技股份有限公司，于2013年7月登陆“新三板”，成为众多国际国内知名企业的供应商，并于2016年6月27日入选新三板创新层。经过多年发展，铜牛集团已发展成为一家集互联网数据中心服务、云服务、互联网接入服务、互联网数据中心及云平台信息系统集成服务、应用软件开发服务为一体的云服务和互联网综合服务提供商，并于2020年9月正式登陆创业板。

铜牛信息是国内少数尤其是北京地区少有的以自有房产自建数据中心且自主搭建云平台的专业IDC服务商之一，建有四大云计算服务和网络安全服务运营中心，提供互联网云计算服务、互联网接入服务、网络安全服务、能源电力物联网服务和相关增值服务；另建有配置中心，提供从信息系统设计、设备采购、集成配置、安装测试、数据中心部署、接入互联网到日常数据中心运行维护的一站式信息系统解决方案。铜牛信息基于国际领先的云计算技术，依托自建互联网数据中心，提供安全合规、高可靠性的一站式IaaS、PaaS、SaaS各层面云平台服务及云平台相关建设、运维服务。

（二）以数字化赋能传统优势产业

铜牛集团紧抓产业数字化机遇，实施设计、制造、营销、服务的全产业链数字化赋能。自2002年起，铜牛集团先后承担了“铜牛集团网络化制造示范工程”“离散型企业制造执行系统实施示范”“制造业信息化综合集成技术的开发与应用”等北京市科委制造业信息化示范工程项目，在经营管理中实施应用ERP管理系统、MES制造执行系统等，实现了企业生产过程管理的信息化，2008年铜牛集团荣膺“中国信息化应用百强企业”和“北京市制造业信息化示范工程—设计制造管理集成应用示范企业”荣誉称号，走在了我国纺织行业企业信息化建设的前列。从2012年开始，为适应品牌运营发展的实际需要，建立了现代化的物流基地，配套SCM供需链系统，植入WMS（无线仓储管理系统）系统，实现企业运营全过程的信息化管理，满足了互联网时代下线上线下营销的需要，实现了企业产品研发、制造、营销全过程的系统化管理。“十三五”期间，铜牛集团在数字化虚拟设计和定制、服装全流程信息化管控上持续突破，研发了车载3D智能量体系统、3D智能搭配应用等智能化工具，全方位提升智能设计、柔性生产能力。

（王婧倩　北京服装学院时尚研究院

李德亮　中咨海外咨询有限公司

丛政　中国纺织机械协会）

参考文献

[1] 赛迪智库 . 数字经济新业态新模式发展研究报告 [R],2020.

[2] 中金公司 . 数字经济：下个十年 [R],2020.

[3] 中国信息通信研究院 . 中国数字经济发展白皮书 2021[R],2021.

[4] 艾瑞咨询 . 中国供应链数字化升级行业研究报告 [R],2022.

[5] 阿里妈妈，阿里研究院，群邑中国．品牌营销数智化转型白皮书：后疫情时代的营销再升级[R]，2020.

[6] 沈雷，许天宇．数字化背景下品牌服装设计转型 [J]. 服装学报，2021（2）：169–174.

[7] 中金启元．战略新兴产业投资研究系列报告（第七辑）[R]，2020.

[8] 段佳佳，许君，章莹，张鸿志，孟前英．中小型服装企业智能制造转型升级研究 [J]. 纺织导报 .2021（10）：63–66.

[9] 梁华．智能工厂信息化系统建设规划研究 [J]. 机电信息，2020（32）：139–141.

[10] 中国纺织工业联合会．纺织行业“十四五”发展纲要 [J]. 纺织科学研究，2021（7）：40–49.

[11] 朱烨．一台缝纫机撬动工业互联网万亿市场 [J]. 服装设计师，2019（06）：80–83.

[12] 重塑产业价值链 2015 PH Value 中国国际针织（秋冬）博览会落幕 [J]. 中国制衣，2015（11）：76–77.

[13] 段志强．数字焕新生　北京时尚控股公司关于“数字时尚”的探索与实践 [J]. 中国服饰，2021（1）：42–43.

[14] 陈文晖，王婧倩．数字化赋能时尚产业转型升级研究 [J]. 价格理论与实践 .2022（3）：38–41.

[15] 张露丹，李治堂．双循环经济格局下的中国企业转型发展之路 [J]. 北京印刷学院 . 2022（2）：22–26.

第九章 时尚类园区数字化开发运营研究
——以751园区为例

数字技术引领的第四次工业革命是人类发展史上一次新的飞跃，数字化是席卷全球的时代浪潮。当前，世界各国数字化转型换挡提速，正在塑造新的国际竞争发展格局。我国政府高度重视数字经济发展，积极推动经济与社会进行数字化转型升级，中央政府部门和各级地方政府已经推出了一系列的数字经济发展规划和产业支持政策。时尚类园区是承载我国时尚产业高质量发展的主要载体，肩负着通过数字化发展提升产业运行品质、实现新旧动能转换、助推国家经济与社会转型升级的时代重任。当前，我国时尚类园区已经全面发力数字化发展，在园区信息基础设施建设、企业数字化转型、数字化公共服务平台建设、园区服务管理数字化等方面取得了诸多成绩。其中，北京市朝阳区751园区比较具有代表性。751园区在人工煤气产业停产后，积极推进时尚和数字产业发展，加快了园区数字化建设，取得了面貌一新的快速发展。各项数字化措施走在全国同类园区前列，颇具良好的借鉴意义。

一、时尚类园区数字化发展的时代背景

（一）数字化发展是当前的时代趋势

科技与文明的进步变革，推动着经济社会不断发展演变。不同时代的生产力水平，造就相应的生产关系，表现出不同的经济形态。人类历史发展到今天，共产生了四种经济形态：原始经济、农业经济、工业经济和知识经济。当前人类历史已经处在工业经济与知识经济的衔接交融时期，知识经济已经应运而生，正逐渐成为人类社会的主要经济形态。数字化是知识经济的主要标志之一，是知识经济的一个必经环节。当前，大数据、云计算、移动互联网、物联网、人工智能等新一代数字技术迅猛发展，数字化发展不断融入生产生活，改变传统的生产生活方式，改变人们的行为方式、社会交往方式、社会组织方式和社会运行方式，深刻影响人们的思想观念和思维方式，不断创造新的产业形态、商业模式、就业形态。

因此，加快数字化发展，已经成为现代国家和社会建设的基础性先导性工作，是新时代世界各国培育国家竞争新优势的战略选择。我国政府高度重视数字化发

展，明确提出数字中国战略。党的十九届五中全会通过的《中共中央关于制定国民经济和社会发展第十四个五年规划和二〇三五年远景目标的建议》，明确提出要“加快数字化发展”，并对此作出了系统部署。

（二）产业园区是数字经济的重要载体

产业园区是为促进产业发展而创立的特殊区位环境，是区域经济发展、产业调整升级的重要空间聚集形式，担负着聚集创新资源、培育新兴产业、推动城市化建设等一系列的重要使命。产业园区能够有效地创造聚集力，通过共享资源、克服外部负效应，带动关联产业的发展，从而有效地推动产业集群的形成。

推动产业园区进行数字化转型升级是实现新型工业化、推进产业智能化的重要途径。首先，通过推进产业园区数字化发展可以产生明显的外部规模效应，建立有益于创新的综合环境。其次，产业园区聚集了大批中小企业，促进园区数字化发展可以推动企业批量式向数字化、智能化发展，产生较强的内部规模效应。再次，通过推动产业园区数字化转型升级，可以对区域经济社会产生较大的推动力，形成良好的示范作用。最后，园区的管理服务面向整个产业生态，通过推进园区的数字化转型变革，可以集中提高园区的管理和服务效率，节约治理成本，起到事半功倍的效果。

（三）时尚产业进行数字化转型可以大有作为

（1）时尚产业具有庞大的规模体量，为产业数字化发展提供了广阔的市场空间。时尚产业在我国国民经济中具有重要的发展地位和庞大的规模体量。以服装行业为例，2021年我国服装行业规模以上企业12653家，实现营业收入14823.36亿元，利润总额767.82亿元；2021年，我国限额以上服装鞋帽、针纺织品类商品零售额13842亿元，服装出口总额达1702.6亿美元。

（2）时尚产业的服务对象几乎覆盖全体民众，为产业数字化发展提供了强大的应用支持。截至2021年12月，我国网民规模为10.32亿人，较2020年12月新增网民4296万，互联网普及率达73.0%。此外，根据中国互联网络信息中心发布的《中国互联网络发展状况统计报告》，截至2021年12月，我国网络支付用户规模达9.04亿，较2020年12月增长4929万，占网民整体的87.6%。

（3）时尚产业的产业链条环节众多、交错发展，为产业数字化发展提供了丰富的探索开发空间。时尚产业的产品与服务，具有物质与文化水乳交融的特征，广泛链接文化创意、生产、流通、消费环节，集合了丰富的跨行、跨界内容，因此推进时尚产业数字化，在整个经济形态和社会中能产生强大的协同、带动作用。以服装产业为例，其产业上游链接棉、毛、化纤等原材料生产，产业中游链接纺纱、织布、染整、制衣等环节，产业下游链接流通、零售、服务等内容，要实现整个产业链的数字化发展，需要打通诸多环节，具有较大的挑战性，但实现价值意义非凡，可以在产品研发、制造装备、生产加工、管理运营、商业决策、渠道管理、售后跟踪等方面得到深入应用，创造巨大经济价值。

（四）数字化时尚产业可以助推各地发展高精尖经济

推进时尚产业数字化，实现科技与艺术的交融发展，提升生产、生活的人文内涵，已成为众多经济发展领先地区的有效选择。对此，北京市朝阳区做出了比较突出的成绩。近年来，北京市积极融入新发展格局，提出“五子”联动发展新布局，推动经济高质量发展，朝阳区紧抓非首都功能疏解、产业转型升级、科技创新发展契机，深入实施“文化+”战略。按照“高端引领、创新驱动、融合发展”的总体思路，通过规划引导、政策促进、精准服务、搭建平台、优化环境等“组合拳”，深入推进文化科技融合发展，大力培育数字文化产业新业态、新消费，构建“高精尖”经济结构，不断增强优势、补短板、抓先机，全面提升区域文化创新活力和产业核心竞争力，助力北京建设全球数字经济标杆城市和国际消费中心城市。

“十四五”时期，朝阳区将紧紧围绕首都“四个中心”城市战略定位，尤其是首都全国文化中心的整体规划部署，聚焦“文化、国际化、大尺度绿化”主攻方向，加快发展数字文化新业态，创新文化消费新模式，不断健全现代文化产业体系和文化市场体系，优化文化产业发展格局，提升产业发展能级，努力将朝阳区建设成为首都文化创新引领区，引领全国文化产业创新发展。在具体行动中，朝阳区通过实施“双百行动”，构建“高精尖”要素体系。一是开展“百园品质提升行动”，引导文化产业园区规范发展，推进一批智慧园区、文化科技特色园区建设，提升园区品牌化、特色化、智慧化、国际化水平。鼓励和支持园区建设公共文化空间，培育认定一批文化事业产业融合发展示范园区，建设一批“城市文化园”。二是开展“百亿企业培育行动”，重点引进和培育年收入过百亿的旗舰文化企业，培育一批高成长性的隐形冠军和独角兽企业，鼓励支持中小文化企业创新发展，不断巩固壮大文化市场主体，增强市场活力。

二、751园区数字化发展情况

当前，我国时尚园区数字化转型整体上还处于初级阶段，数字化的应用更多表现在传统的门禁、停车、监控等初级层次，产业内容的数字化还不够深入，数字化的集成分析、深度应用发展不足。北京市朝阳区751园区，是近年来规模体量大、发展速度快、发展状态前沿、影响力广泛的一个时尚园区，发展轨迹具有典型性，发展成绩具有示范性，发展措施也具有比较普遍的代表性。因此，本文将着重介绍和分析751园区的数字化开发运营情况。

（一）751园区成为时尚园区的转型发展历程

751北京时尚设计广场位于望京—酒仙桥边缘集团内，隶属于北京电子控股有限责任公司旗下的北京正东电子动力集团公司，北至酒仙桥北路，南至万红路，西临798艺术区，东至电子城及将台乡，占地21公顷。

751园区的前身为创建于1954年的718联合厂动力分厂，即第五分厂。718联合厂（又称为华北无线电器材联合厂）是我国“一五”期间十大电子工业重点建设项目之一，为“一五”期间大型骨干企业。751厂在2004年煤气正式停产之前，历经了华北无线电器材联合厂时代（1951—1964）、国营七五一厂（1964—1974）、北京无线电动力厂（1975—1984）、国营北京电子动力公司（1985—1994），2000年正式改制为北京正东电子动力集团有限公司。

2003年，国家能源政策调整，人工煤气生产退出运行。停产后，751煤气厂厂房和设备设施得到完整妥善保存，包括两座68米的螺旋式大型煤气储罐、八座重油裂解高炉、铁路和火车头等，经过改造，现已成为第二批国家工业遗产。2007年3月，751D·PARK北京时尚设计广场正式揭牌，文化创意产业正式成为正东集团的重要支柱产业之一。

确定转型时尚园区后，751园区经过了多番的发展规划论证，不断培育和充实时尚产业。2009年编制了《北京大山子艺术区及周边地区控制性详细规划》，重点明确了该地区的规划和保护利用方案；2012年编制的《北京大山子文化创意产业功能区规划》及《751区域规划研究及概念方案设计》，针对工业遗产的保护与利用、产业升级及改造方式等问题进行了深入探讨；2013年对原燃煤锅炉房、煤气大罐等老旧工业建筑进行改造设计研究；2015年朝阳区针对751园区进行了整体研究；2019年对798、751园区的规划建设方案进行了研究，提出了北京新总规定位下园区新的发展方向及升级改造策略。

转型发展后，751园区时尚与传统共存，创新与转型并重，充分利用国有老厂的工业资源，建设国内工业资源再利用转型文化创意产业园区的示范区。作为北京市、朝阳区科普教育基地，依托各类数字技术，通过举办“智能体育+艺术体验”的跨界骑行、融合国际文化+科技+艺术+设计的“活的”3D博物馆等活动，让儿童、青少年体验和学习科普知识，领悟科技与艺术的魅力。（表9-1）。

2021年11月，中华人民共和国文化和旅游部发布了《关于公布国家旅游科技示范园区试点名单的通知》，北京751园区与其他六家园区一同入选国家旅游科技示范园区试点。通知要求，推动试点园区开展高水平旅游科技研发和集成应用，促进试点园区旅游与科技融合，将其建设成为科技助力旅游业高质量发展的模范和标杆。

表9-1　751园区发展标志性事项

年份	事项
2006	中国服装设计师协会入驻，创意产业办公室成立
2007	部分设备及厂房拆除，中国国际时装周首秀
2008	动力广场、97罐等改造
2009	导视系统、廊桥、脱硫塔、炉区等改造
2010	设计师大楼完工
2011	时尚回廊、传导空间改造；北京国际设计周—751国际设计节开启
2012	火车头广场改造
2013	79罐、老办公楼等改造，廊桥延伸；中国国际大学生时装周举办
2015	珍爱时刻文化传播（北京）有限公司入驻
2017	751设计品商店开业
2018	751园区CIS系统重新设计
2019	751设计节—城市更新高峰论坛举办，火车街区启动
2020	获得北京市级文化产业园区示范园区授牌荣誉称号
2021	树立751国际设计节、宇宙工厂、汉文化节三大原创品牌，入选“国家旅游科技示范园区试点”

（二）751园区的时尚产业布局

751园区围绕“十字”布局，分别形成了以中国服装设计师协会为引领的高端会展区；以新消费类业态小柯剧场、喜茶、瑞幸等为核心的公共文化服务体验区；以奥迪亚太设计研发中心为核心的文化科技融合区；以米未传媒、HOFO为核心的设计产业创新区。在服装设计、展演发布、IP孵化等产业环节呈现资源整合、合作共生的产业链（图9-1）。

目前，751园区已经聚集设计师工作室及相关公司（机构）110余家。其中，服装设计、建筑设计、环境设计、家居设计、汽车设计、音乐设计、文化科技类、新消费品牌超过80%，其他配套类企业近20%。拥有奥迪亚洲研发中心、米未传媒、小柯剧场、腾讯WeSpace、天和丰、极客公园、知行车谷、华新意创等一批知名创意设计企业。

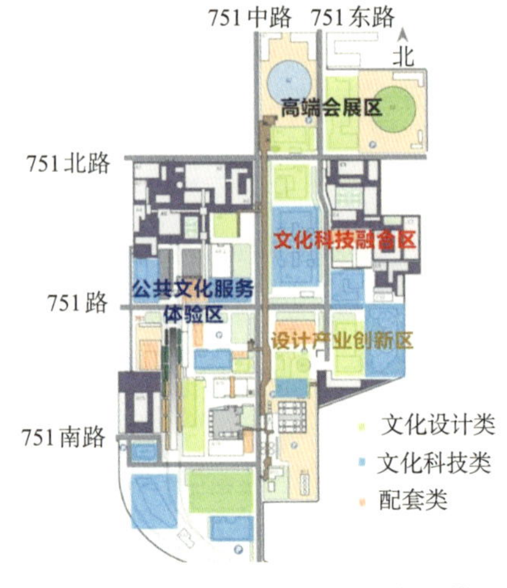

图9-1　751园区产业区域布局情况

（三）751园区的数字化发展举措

1. 推动园区数字化基础建设

751园区实现信息化全覆盖，布局户外办公热点，打造创意办公环境，塑造智慧化园区。根据园区和企业需求打造了智慧园区，智慧园区通过数字信息系统建设，将能源生产信息系统、文创业务信息系统、公共服务信息系统之间的底层数据打通，根据业务流程实现产业数据的生态化流动和可视化管理；以互联网、大数据、5G应用为抓手，实现产业数字化转型，业务服务逐步向智能化转变。在进行空间提质增效的同时，园区取得了ICP、ISP、EDI、IDC等资质认定，夯实了文化科技新型基础设施建设，为将来园区基础设施生态化、运营管理精细化、功能服务信息化和产业发展智慧化打下基础。

2.促成数字化时尚产业聚集

目前，园区入驻设计师工作室及辅助配套类公司150家，时尚设计类、文化科技融合类企业占83%，年度国际会展及新品发布活动500场。园区始终围绕品牌服务、产品发布、互动体验、交流交易，建立国际交往互动与时尚生活体验的文化创意产业生态，实现了展示、发布、交易、双创孵化的业态聚集，形成以创意设计为核心，依托科技创新、文创内容运营、金融资本助力，集聚资源、产融结合，建立共享、协作服务平台，打造以国际化、高端化、时尚化、产业化为目标的文化科技融合的创新示范区。

3.搭建园区数字化服务平台

近年来，751园区围绕首都四个中心功能定位与“高精尖”产业的发展，搭建以创意设计为核心，依托科技创新、文化内容运营，集聚资源、产融结合、共享协作的产业服务平台。例如，园区依托时尚设计产业与751品牌资源集聚优势，围绕北京电控“芯屏”产业生态，联手京东等国内高新技术企业共建数字文化示范应用基地；运用5G、物联网、工业互联网、大数据、人工智能等新一代信息技术，助力打造集数字文化交流、智慧文旅、智慧党建、智慧展陈、智慧教育等领域的展示应用场景。

4.打造创新中心和数字化服务团队

751园区集中改造了停产锅炉房，利用锅炉房大跨度的空间与设备遗存，打造科技文化创新中心。引入一批知名文创领域科技资源，让科技赋能文创产业，提升园区文化与科技融合的创新能力，打造新型智慧化的文创高地，扩大行业影响力。此外，园区建立了一支专业的数字化信息服务团队，为生产数据、管理数据和业务数据的系统汇总、深度分析、可视化运营提供技术保障，为入驻企业、服务用户、合作伙伴提供信息增值服务，并统一了园区数字化服务标准。

5.建设数字化人才基地

改造园区东侧电子信息技师学院，利用751园区汇集的服装设计、音乐设计、视觉设计等时尚设计资源，与高校合作开展“产学研”教育培训项目，建设了751国际时尚学校，作为“产学研”一体的培训平台，培育更多文创人才。

6.广泛举办数字化时尚活动

751园区每年举办500多场新品发布、创新峰会、资讯发布等活动。其中，文化科技类活动占比由2012年的16%上升至2021年的61%，成为发布文化和科技类产业新品及资讯的前沿阵地。同时751园区自主策划的751设计节等活动，也经常深入探讨文化设计及文化科技最前沿话题。

7.举办数字化内容公众展览

751园区作为北京市、朝阳区科普教育基地，通过3D、AR、VR等科技互动方式，让儿童、青少年体验和学习科普知识，领悟科技与艺术的魅力。同时经常举办各类特色活动，如“智能体育+艺术体验”的跨界骑行活动，融合国际文化+科技+艺术+设计的“活的”3D博物馆等。

由751园区与京东方共同举办的“24小时的未来”展，通过数字影像、艺术装置等构建一个充满视觉律动与光影转化的多媒体混合沉浸场域，为观众讲述一个关于“边界与变换”的故事。751举办的“持续·热岛·UNIBIRDS系列”展是一个围绕数字技术重塑感官世界的展览，展览通过形体的变换、色彩的交织、光谱的渐变，模糊了人文世界与自然世界之间的边界、相互的索取和赠予、影响与被影响，继而重新思考我们和自然关系的平衡点。

8.以数字化手段引领时尚消费升级

751园区将举办时尚设计消费节、国际美食创意节、文化消费季、前沿科技体验季、751国际设计节、夜间时尚创意沙龙等一系列的活动，打造融合发展园区、开放活力展区和时尚慢行街区。同时，园区积极营造“全民悦读”文化环境的氛围，增强园区“全民畅读”的文化生活内质，建设城市文化的新高地。在园企联动下，751园区利用科技赋能文化产业各环节，文化科技顶级智库平台引领科技潮流，文化科技融合促进园区文化体验及消费升级。例如，在举办中国国际时装周期间，数字化与科技成为时尚产业主流营销及展示模式，创造了精准对接的商贸合作环境，实现了众多高质量专业买家和优质配套服务的聚集，最大限度地为品牌提供商业转化与合作。

三、全国时尚类园区数字化发展成功经验

（一）集合产业上下游资源，整体打造数字产业链

北京的“北服创新园”推出了WTREEGUIDE（梧桐时刻）智能管理App，是聚集设计师（品牌）、渠道、买家、SHOWROOM、展会、时装周信息，致力于推广中国本土优秀新锐设计师和先锋设计力量的产业互联网平台。青岛“东方时尚中心”的智慧园区为更好地服务入驻企业，通过“云端”创业，让入驻园区的设计师和企业把整个创业平台都搬到云端，工厂、物流等服务一应俱全，实现了智慧工作方式。

（二）深入推进产业内容数字化

在推动智能制造实现企业柔性生产方面，山东“迪尚智慧时尚生活方式集成创新

平台”通过中国服装数字化研发中心的建设使用，完成中心数字化服装设计和3D建模基础研究，实现了设计源头数字化，并在生产和销售环节推广应用。江苏“常熟纺织服装创意产业园”引入了志远智赢智能工厂示范项目，提供柔性生产线、候鸟设计师孵化、共享制版打样平台、设计师品牌集成店、国际流行时尚款式快反零售、个性定制体验中心、大数据集成展示中心等功能，打造常熟服装产业新制造的标杆示范。北京798艺术区对推进艺术家进行数字化艺术品创作，开创了良好的探索。例如，2020年9月在尤伦斯当代艺术中心举办的《非物质/再物质：计算机艺术简史》，展出了30多位艺术家的70多件数字艺术作品，每件都是通过计算机创作完成。

（三）积极推进园区数字资源的整合利用

北京市海淀区中关村壹号园区，通过整合园区内数字资源，进行集成式分析应用，取得了较好的效果。在其“数智 ONE”智慧大屏上，不仅能看到园区内外安防情况和楼宇内能源使用情况，智慧停车、智能会议室、智能电梯、园区食堂智能终端等智能平台的运行状态和园区的企业分布以及企业的发展态势也能一目了然。

（四）促进产业跨界融合，建立数字化产业生态系统

北京市朝阳区东枫德必园区构建以“文化+科技”为主、金融为辅，集影视传媒、大数据、现代信息服务业、展示等多元融合的生态体系，促进“文化+”的跨界融合，建立微生态产业园区系统，促进产业融合，积极建设“资源共享、业态互补、联合运营”的创新型园区，打造文化、科技、体育与金融相互促进、互为补充的文化科技融合先行园区。

（五）全面推行园区数字化运营

在园区运营方面，北京市朝阳区东枫必德园依托于自主研发的智慧园区管理系统——wehome平台，基于移动互联网、物联网技术与云计算服务，创新出智慧园区管理系统、招商管理系统、园区运营服务管理系统，以及针对白领的平台级社群服务系统，在降低园区运营管理成本的同时，搭建起更加开放的社群环境。

（六）积极融入社区与城市生活

上海国际时尚中心突破了传统的创意园区运营模式，实现了“厂区—园区—社区—城区”的迭代升级。除了改造时完整保留并传承了历史保护建筑的原有风格，国际时尚中心创造性地融合了与老百姓日常生活消费息息相关的参与式、体验型要素，使园区提升为开放式的街区、社区、景区。在这里，几乎分不清是园区还是社区，敞开的大门、完善的生活设施、密布的绿化、可供居民休憩的座椅。融入周边

环境的开放式社区，让产业要素集聚的文创园区成为生活气息浓郁的大型社区空间，也让上海国际时尚中心成为上海文化创意产业新的代言人。

四、国家及地方政府关于时尚类园区数字化发展的引导政策

（一）《中华人民共和国国民经济和社会发展第十四个五年规划和2035年远景目标纲要》

2021年3月，我国发布了《中华人民共和国国民经济和社会发展第十四个五年规划和2035年远景目标纲要》（以下简称《规划纲要》）。《规划纲要》提出，我国要打造数字经济新优势，充分发挥海量数据和丰富应用场景优势，促进数字技术与实体经济深度融合，赋能传统产业转型升级，催生新产业、新业态、新模式，壮大经济发展新引擎。《规划纲要》还提出实施“上云用数赋智”行动，推动数据赋能全产业链协同转型。在重点行业和区域建设若干国际水准的工业互联网平台和数字化转型促进中心，深化研发设计、生产制造、经营管理、市场服务等环节的数字化应用，培育发展个性定制、柔性制造等新模式，加快产业园区数字化改造。深入推进服务业数字化转型，培育众包设计、智慧物流、新零售等新增长点。

（二）《“十四五”数字经济发展规划》

2022年1月，国务院发布《“十四五”数字经济发展规划》（以下简称《规划》）。《规划》提出，到2025年，数字经济迈向全面扩展期，数字经济核心产业增加值占生产总值（GDP）比重达到10%，数字化创新引领发展能力大幅提升，智能化水平明显增强，数字技术与实体经济融合取得显著成效，数字经济治理体系更加完善，我国数字经济竞争力和影响力稳步提升。

针对产业园区，《规划》提出要“引导产业园区加快数字基础设施建设，利用数字技术提升园区管理和服务能力。积极探索平台企业与产业园区联合运营模式，丰富技术、数据、平台、供应链等服务供给，提升线上线下相结合的资源共享水平，引导各类要素加快向园区集聚。围绕共性转型需求，推动共享制造平台在产业集群落地和规模化发展。探索发展跨越物理边界的‘虚拟’产业园区和产业集群，加快产业资源虚拟化集聚、平台化运营和网络化协同，构建虚实结合的产业数字化新生态”。

（三）2022年《政府工作报告》

2022年，《政府工作报告》提出，我国当前的主要任务之一是要促进数字经济发展，加强数字中国建设整体布局。建设数字信息基础设施，逐步构建全国一体化大数据中心体系，推进5G规模化应用，促进产业数字化转型，发展智慧城市、数

字乡村。加快发展工业互联网，培育壮大集成电路、人工智能等数字产业，提升关键软硬件技术创新和供给能力。完善数字经济治理，培育数据要素市场，释放数据要素潜力，提高应用能力，更好地赋能经济发展、丰富人民生活。

（四）国资委《关于加快推进国有企业数字化转型工作的通知》

2020年9月，国务院国资委正式发布《关于加快推进国有企业数字化转型工作的通知》，指出：践行新发展理念，推动新一代信息技术与国有企业的融合创新，加速传统产业全方位、全角度、全链条的数字化转型，推动产品创新数字化、生产运营智能化、用户服务敏捷化、产业体系生态化，提升产业基础能力和产业链现代化水平。

（五）《北京市关于加快建设全球数字经济标杆城市的实施方案》

2021年8月北京市发布了《北京市关于加快建设全球数字经济标杆城市的实施方案》，方案提出北京市到2025年，数据驱动的高质量发展模式基本建立，数据资源要素潜力全面激发，数字企业集聚和产业集群效应大幅提升，数字产业全链条形成，数字技术全领域覆盖，全方位赋能经济社会发展，数字经济增加值达到地区生产总值的50%左右，进入国际先进数字经济城市行列。

（六）《朝阳区打造数字经济示范区实施方案》

2020年9月，北京市朝阳区率先出台了《朝阳区打造数字经济示范区实施方案》（以下简称《方案》），《方案》提出构建“一核一廊、四圈多点”的数字经济蓝图。“一核”是指聚焦中关村朝阳园北区，打造数字经济核心区；“一廊”是指构建“酒仙桥—望京—东湖—来广营—大屯—奥运—健翔”的数字经济创新走廊，加快构建全球领先的数字经济创业孵化加速体系；“四圈”是指依托CBD、奥运、国家文创实验区以及金盏国际合作服务区，构筑数字经济产业生态圈；“多点”是指建设一批数字经济示范特色品牌地标。《方案》指出，到2022年，北京市朝阳区将新建4000个以上5G基站，实现五环内5G信号全覆盖。建设20个数字经济主题楼宇，打造20个数字经济特色园区。行业领军企业达到100家以上，培育高成长企业300家以上，推动50个数字经济示范应用场景落地。

五、时尚类园区推进数字化发展的建议

（一）循序渐进，以市场化运作推进园区数字化转型

要提高园区建设在数字化发展方面的前瞻意识，从长远利益进行考虑，强化园

区数字化转型的必要性和紧迫性认识，主动跟上时代步伐；要找准园区产业数字化转型的核心和特色需求，有计划、有重点、有层次、有步骤地展开数字化建设，切忌一哄而上、盲目跟从；要发挥市场在资源配置中的主体作用，以市场化运作推进园区数字化项目，提高数字转型的经济收益；要根据园区的财力、物力，分步推行各类数字化转型项目。

（二）夯实基础，强化时尚园区数字化基础建设

时尚园区推进数字化发展，要重点发展硬核能力，强化基础建设，为产业转型升级提供切中实际、可持续的发展动力；要注重加强“新基建”建设，提升园区基础设施数字化支撑能级；要完备园区信息基础设施，增强信息网络综合承载能力和信息通信集聚辐射能力，提升信息基础设施的服务水平和普遍服务能力，满足园区企业对网络信息服务质量和容量的要求。首先，园区应建设新一轮的信息网络基础设施，包括光纤宽带、物联网、5G、IPv6等，增强信息网络综合承载能力，满足园区企业对网络信息服务质量和容量的要求。其次，应合理部署大数据中心、云计算中心、人工智能算力中心等，为园区和园内企业提供数据信息的相关服务。再次，科学部署新能源汽车充电桩、工业互联网设施、人工智能设施等，提升园区基础设施对于数字化的支撑能级。最后，园区应建设智能建筑、智能化公共设施，实现建筑及公共设施状态可感、精细管理、开放共享。

（三）突出主体，重点推进产业和企业数字化转型

园区的主体功能在于服务产业和企业发展，园区的数字化发展也要树立明确的主导目标，即推进园区产业和企业实现数字化转型。时尚类产业园区进行数字化转型，不能局限于园区本身的数字化管理，要把推进园区企业和产业实现数字化转型升级当作园区数字化发展的重要一环。园区要增强产业数字化转型智能服务能力，协助园内企业加快数字化改造速度。

（四）从源头做起，大力发展数字化时尚资源内容

当前，我国时尚产业还存在文化创意开发建设不足、产业缺乏文化内容支撑，优质产品供给不足、产业结构失衡、人才匮乏等诸多问题，时尚产业的数字化发展还不够深入，没有完全爆发出足够的生机活力。时尚园区推进数字化发展，要注意从源头做起，大力发展数字化时尚资源内容。要扶持文化企业进行创新研发工作，加大对文创企业的支持力度、对数字内容的建设与管理，强化招人留人举措，帮助企业留住人才。

（五）集成式发展，广泛搭建数字化发展平台

时尚园区推进数字化发展，要发挥好园区的综合性平台作用，为园区企业积极搭建各类功能性数字化发展平台，有效整合产业资源与市场资源，为企业提供更加广阔的发展空间；要积极打造数字经济产业生态空间，为园区企业构建从初创到孵化再到加速的生态发展链条，为区域数字经济发展凝聚力量。一是着力打造数字化平台，通过平台优化资源配置，提升全要素生产率，强化经济发展的协同效应。二是推进工业互联网建设，通过搭建工业云平台，推动工业技术软件化提升，实现个性定制、协同制造等延伸服务。三是全力打造数字供应链，以需求为导向，通过数据业务化、业务数据化，构建线上+线下全流程、一体化的供应链服务体系。

（六）综合推进，全面打造时尚园区数字化发展环境

推进园区数字化要避免碎片化发展，园区的各个部门、各条线、各个板块要做好顶层规划、协调推进，避免重复建设造成浪费；要推动新技术与办公场景的深度融合，提升管理效能、降低运营成本；要创新物业运营模式，构建全方位企业服务体系，搭建更开放的园区社群环境，助力园区管理智慧化转型升级；要使用好“人工智能+物联网 + 边缘计算”技术，在全园中完善数据采集系统，通过部署视频图像、监测传感、控制执行等感知终端，实现万物互联、数据可感，从而对消防、车行、人行、能效、环境、安防、楼宇等园区运行状态实时监控、管理和预警，为园区运营数字化转型奠定基础。

（郑治民　中国中纺集团有限公司
王花妮　中国纺织出版社有限公司）

参考文献

[1] 廖博 . 46 家纺织服装园区树立典范 [J]. 纺织科学研究，2020（2）: 32–36.

[2] 陈月娜 . 钢铁工业遗址的文创与旅游开发 [J]. 矿业开发与研究，2020（12）: 5–6.

[3] 谭云婷 . 全时全域的智慧园区数据体系 [J]. 高科技与产业化 .2020（5）: 68–75.

[4] 金凡 . 园区数字化转型的实践分析 [J]. 电子技术，2021，50（7）: 99–101.

[5] 谭云婷 . 全时全域的智慧园区数据体系 [J]. 高科技与产业化 .2020（5）: 68–75.

[6] 谢芳，杨俊逸 . 智慧园区还需提高“智慧”[J]. 中国信息界，2021（4）: 73–75.

第十章　时尚类品牌数字化营销研究

随着数字技术的快速发展，消费者的购物、触媒习惯发展转变，数字化重构零售行业“人货场”，赋能商业模式再造，促进新品牌快速增长。在此背景下，品牌营销方式和策略发生改变，不断完善全域数字化销售渠道，提升数字化销售场景，建设品牌私域流量，以消费者精细分层和精准画像促进精准营销，以购物场景的数字化提升消费者体验，以数据沉淀和挖掘赋能品牌运营。本研究列举了朝阳区时尚品牌在私域运营、数字化定制、门店数字化升级等方面的数字化营销案例。

一、时尚类品牌营销数字化的背景

（一）数字化改变消费者购物习惯

1. 消费者购物方式转变

据国家统计局数据显示，我国实物商品网上零售额在过去五年中以18.49%的年复合增长率高速增长，远超社会消费品零售总额同期4.74%的增速。2021年我国实物商品网上零售额达到108042亿元，占社会消费品零售总额的24.5%（图10-1），网上实物交易已经成为大众日常消费中不可或缺的重要组成。

2. 消费者触媒习惯改变

过去，品牌的营销方式以电视广告、报纸杂志广告、户外展示广告、零售门店宣传等为主，营销渠道单一，宣传信息单向推送，缺乏与消费者的互动。如今，搜索引擎、门户资讯、电商、在线视频、社交平台、短视频等新兴社交媒体发达，尤其是具备碎片化、去中心化传播特点的短视频发展迅速，成为数字营销的重要渠道（图10-2）。消费者触媒广泛，发生结构性变化，更加多元化、分散化，更容易同时使用多种媒介，接收不同呈现方式的信息，眼球和注意力更难抓取，更倾向于沉浸在社群化、圈层化的社交空间，强调与品牌沟通的互动性。

3. 数字消费与实体消费加速无缝融合

消费者越发倾向线上线下并行的购物方式，他们在线上查看最佳优惠，在实体店试穿或试用产品，在实体店购物的消费者也常会使用手机进行比价。品牌需要进一步实现数字和实体的无缝连接，缩小数字购物后体验和实体店即时体验之间的差距。如何进一步协同线上线下的消费者互动，在全域中进行品牌信息的有效传递，是品牌消费者激活和消费者黏性巩固的关键。

4. 消费体验影响购买决策

越来越多的消费者认为购物不仅是购买商品，而且是购买消费体验。新的交互媒介、新的互动方式、新的娱乐方式、新的技术手段使消费者获得不同以往的体验，好的体验提升消费者黏度。品牌在实体店和线上平台打造与众不同的体验，使消费者获得满足感和愉悦感越来越重要。

（二）数字化重构零售“人货场”

1. 多元化、社交化的场

5G、移动支付、工业互联网、大数据、云计算、AI 等信息技术的运用，催生出直播带货、超市到家等新兴消费场景，线下消费场景也在数字化重塑中获得新的消费者吸引力，如无人零售、VR 试衣间。零售场景的数字化，不仅拓宽了消费者购物的渠道，而且新的消费场景更加便利、更加高效、更加有趣，带来“人”的体验的极大提升。

2. 柔性化、高效化的货

从前端生产到终端销售的零售链条，在数字化下被重构，衍生出以销定产、柔性定制等新的商业模式，实现了消费方式逆向牵引生产方式。按需定制、按需生产，大大降低了库存风险，同时大数据分析所形成的消费者洞察使需求端获取更敏锐、研发端设计更精准，数字化对销售流程的再造有效提升了流程效率，实现了更高性价比的“货”。

3. 精准化、个性化的人

数字赋能下，原本针对模糊群体的广泛营销，转换升级为对消费者精细画像下的精准营销。大数据为消费者打上个性化标签，促成商家对消费者千人千面的精准触达。新零售场景下更加有效的沟通，使得商家越来越知道消费者需要什么，并通过更加贴心的个性化服务满足消费者诉求，促成销售端的高效转化。

（三）数字化赋能营销模式再造

1. 增进消费者触达

交易转化焦虑下，媒介、内容、社交和零售终端相对独立的营销模式被打破，从流量到转化的路径要尽可能高效，消费者沟通与购买交易之间的转化链路被进一步缩短、打通，品牌官网、品牌 App、品牌小程序等私域流量线上渠道的快速发展，大大提高了品牌对消费者的可触达度，也提升了品牌对消费者的普及程度。

2. 提供消费者洞察

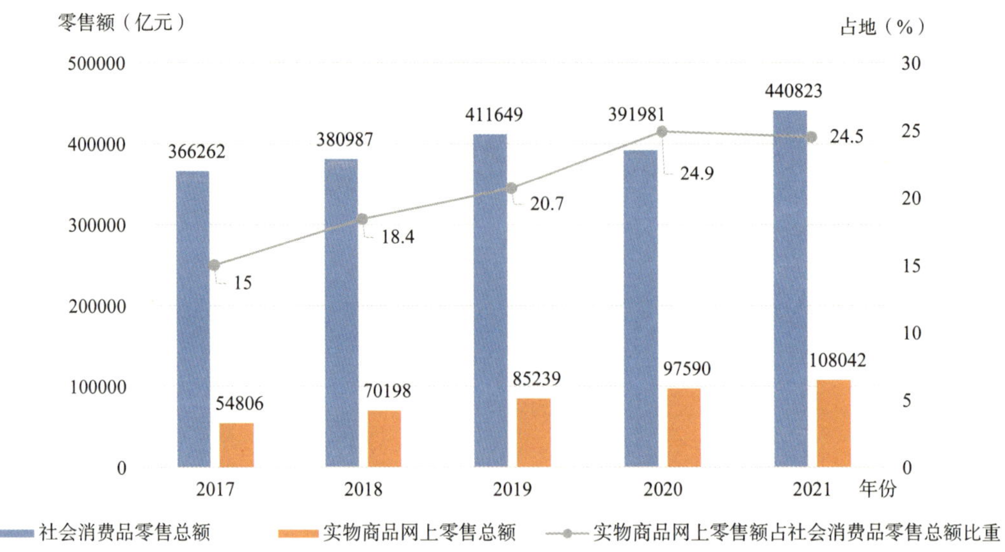

图 10-1　中国社会消费品零售总额与实物商品网上零售额

数据来源：国家统计局。

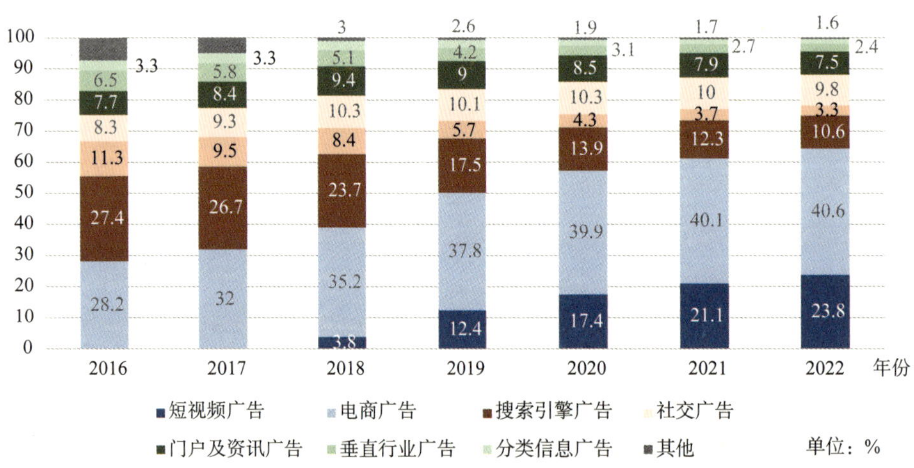

图 10-2　中国不同媒体类型网络广告市场份额

数据来源：中银证券《视频产业深度报告（下）：短视频商业前景广阔，内容营销产业趋向成熟》。

如今的消费者已然不满足于标准化的商品和服务，品牌需要增进个性化服务，例如，提供私人定制、一对一导购等服务，满足消费者千人千面的不同需求。而提供私人定制等个性化服务的先决条件，是对消费者真实需求的深度理解和洞察。数字化使消费者洞察面临的信息不全面、不准确等难题迎刃而解。消费者线上购物留下的搜索、浏览等方面的数据，反映了消费者的习惯、喜好、期望等，通过数据挖掘，可以对消费者进行更加有效的营销。

3. 提升消费者体验

数字化技术的运用提升消费者的产品体验、交易体验、互动体验。通过声纹识别、语音处理、图像识别、人脸识别等AI技术识别用户产品需求，将单向信息传递转换成双向互动交流，提高了消费者购物的趣味性，激发了消费者对产品的兴趣和购物欲望。AR、VR技术将虚拟场景叠加于现实世界，增强身体见、听、触体验，营造身临其境的效果，给消费者带来沉浸式、娱乐性的体验。

（四）数字化助推新品牌快速发展

1.新品牌数量迅速增加

数字新基建的建设和完善为新品牌提供了业务创新、快速成长的驱动力，移动互联网催生了直播带货、虚拟门店等新消费场景，5G、人工智能、物联网技术的应用提升了生产、供应、零售等环节的效率，大数据、云计算技术深入挖掘出消费分级下细分赛道上的“新客群”和不断升级变化的“新需求”，数字化从多方面推动了美妆护肤、服装内衣、运动户外、母婴用品、手机数码、小家电等各行业新品牌爆发增长。根据阿里妈妈《了不起的新世代：2021春夏新风尚报告》，2018~2020年间，近7万服饰新商家入驻天猫，其中不少是新服饰品牌。

2.新品牌出圈速度加快

在天猫、京东、唯品会等传统电商平台和抖音、小红书、快手等内容电商平台的助力下，众多新品牌用3~5年时间从无到有，快速脱颖而出。根据第一财经商业数据中心《2021线上新品消费趋势报告》，完美日记创立第二年的年销售额就超过20亿元，花西子创立第三年的年销售额突破30亿元，“宿系之源”从开天猫旗舰店到成交额累计破亿只用了7个月。

二、时尚类品牌数字化营销现状

（一）完善全域数字化销售渠道

消费者需求有确定性、半确定性和非确定性的区别。消费者需求越明确，越适宜传统电商的消费渠道，需求越不确定，越适合以内容为核心种草消费者的新媒体电商平台。品牌以消费者需求为中心，打造跨渠道、跨平台的全域覆盖体系，协同线上与线下，实现全渠道、全媒体、全链路、全场域的数字化智能营销。

1.传统电商平台

打造官方直销店铺，制定适宜的公/私域运营策略，联动公域拉新和私域运营，盘活流量，完善从公域到私域的全生命周期经营。通过对图文、短视频、直播、AI试衣服、智能穿搭等技术产品与工具的灵活运用，形成从品牌消费者互动沟通到消费者品牌心智培育的良性循环，提升品效转化。

2. 新媒体电商平台

通过抖音、快手等社交媒体电商平台，深耕短视频内容营销和直播营销，打造多元化、沉浸式的直播场景，提供更强的互动氛围，与客户进行实时、深入的社交互动，进行产品“种草”和消费者培育。通过短视频+直播扩大覆盖人群，形成流量转化，打造品牌私域流量池，实现用户的沉淀与反复触达。以优质的内容生产，形成内容—社群—消费闭环，增加消费者黏性。

3. 其他私域触点

建设品牌官方网上购物商城、官方购物App、官方公众号、官方小程序、官方视频号等私域触点，直接触达、高效沉淀消费者数据，形成自身数据资产，提升消费者画像洞察能力和经营数据分析能力，驱动精细、精准营销，反向指导产品开发设计，赋能商业决策，实现商业价值。以品牌IP聚集流量，从情绪、情感、情节等层面同消费者深度沟通，以有温度、有态度、有人格、有文化占据消费者的心智，提高消费者忠诚度。

4. 线上线下相融合

整合线上与线下各类场景资源，进一步突破时间、空间的限制，在人、货、品之间建立更多元、更有效的沟通，通过跨触点、跨场域、跨渠道间的互相导流与有效渗透，提高转化。提高在广告宣传、产品定价与质量、客户体验与服务等方面线上线下的一致性，为消费者提供便捷一体、无缝衔接的线上线下交融的消费体验，提高消费者满意度。

（二）提升数字化销售场景

时尚品牌通过不断升级的数字化手段，建设智慧门店、数字门店。一方面，通过实现从消费者到店、逛店、购买、离店到售后服务整体链路的数字化，更深入地了解消费者需求，更实时地了解门店经营状况，辅助品牌进行选品分析、门店运营分析、精准营销。另一方面，使实体门店更有科技感、更体现品牌文化、更具娱乐性，带给到店消费者更好的消费体验，更好地发挥出树立品牌形象、深化品牌认知、密切联系客户的一线“堡垒”作用。

1. 门店数字化提供消费者洞察

阿里线下集合店素型生活，作为阿里新零售业务模式的样板店，借助阿里大数据功能，分析出店铺销售区域最受欢迎的品牌、款式等，实现海量商品的精准化筛选。李宁与阿里云打造的上海世博园“数字门店”，由传感器和视频识别等技术采集消费者逛店时的触摸商品、试穿商品、选购路线、消费数据等，录入数据中台，实现数据分层和挖掘，生成对产品和门店运营的指导意见。安踏“第九代”旗舰店陆续在重庆、上海、北京等地开业，九代门店安装了人脸识别视频系统、云货架、

VIP区视频互动系统和自助收银系统，通过客流统计、热区分析等大数据研判消费者购物习惯[1]。

2.门店数字化提升消费者体验

位于上海南京东路世茂广场的丝芙兰亚洲首家数字概念店，推出了美图魔镜的智能试妆系统，消费者可以轻松地试装不同质地、颜色的彩妆产品，在保证所试彩妆真实感的同时实现快速试装。阿里巴巴香港“FashionAI 概念店”，以AI视角完成对服饰认知体系的重构，为消费者提供个性化的搭配建议[2]，消费者在概念店通过淘宝ID绑定身份信息后，每浏览一件衣服，货架边的“镜屏”就会感应到商品信息，给出若干种搭配选择。

3.虚拟门店延展消费空间

迪奥线上虚拟店将位于巴黎香榭丽舍大道的旗舰店原样复制到网络上，实现了消费者足不出户逛旗舰店的购物体验。3D虚拟技术的运用使得进入商店购物的步入感十分逼真，点击门店入口，仿佛真的由巴黎香榭丽舍大道走进了旗舰店。店内设置有Mitzah围巾、香熏、珠宝、眼镜、香水、护肤及洗浴、礼盒、赠品8个可探索区域，顾客可以点击视频播放按钮观看不同产品的宣传视频，也可以点击产品下方的小黑点阅读产品简介，并通过产品简介提供的链接跳转到迪奥官网进行产品购买。

（三）建设品牌私域流量

在消费者触媒粉末化、浏览碎片化的当下，公域平台营销及获客成本高居不下，流量红利消退，品牌不得不重视存量用户精细化运营和更为有效的增量引流措施。私域有助于品牌数据沉淀、用户洞察、精细营销、战略制定，推动产品、营销、运营与技术的迭代，解决品牌的增长瓶颈。

1.品牌私域布局发展阶段

私域起步阶段，品牌大多通过淘宝、京东等中心化平台获取私域流量，营销及运营粗放，数据沉淀少。私域发展阶段，品牌开始在微信、微博、抖音、快手等去中心化社交平台或者去中心化电商平台，以及官方网站或者官方App上开展私域运营，运营颗粒度与运营效率提升，形成数据资产沉淀，实现用户分层、打标、分析等。随着品牌对于消费者数据主权意识的觉醒，私域布局进入加速阶段，品牌多触点、全渠道深耕私域运营，数据沉淀维度丰富，以智能技术的深度应用完善私域数

[1] 蓝朝晖．安踏实体旗舰店揭幕背后　体育品牌线下战火重燃[DB/OL]．北京商报网．2022-06-06.

[2] 郭婷．阿里推出全球首家人工智能服饰店，可以进行服装搭配[DB/OL]．电子发烧友．2018-07-11.

字化基建，通过搭建客户数据平台CDP或数据中台，将不同渠道、不同场景的消费者数据打通、整合，数据资产成为品牌发展驱动力。

2.品牌私域运营方式

私域的运营包括产品运营、用户运营、商城运营、社群运营等模块，覆盖引流与沉淀、运营与洞察、消费与转化、复购与裂变等环节，考验品牌存量运营、数据分析及洞察、数据打通及全域经营的整体运营能力。产品运营包括私域产品设计、产品推广、核心用户培养、数据分析等；用户运营包括用户画像、用户生命周期管理、用户分层、会员体系等；商城运营包括获客引流、选品上线、产品促销、会员营销、售后服务等；社群运营包括内容生产、文化培养、活动策划、成员激励等。引流与沉淀涉及引流方式、获客渠道、沉淀路径、营销方式、内容打造等；运营与洞察涉及运营话术、运营效率、数据沉淀、用户分层、用户标签等；消费与转化涉及营销节点、优惠方式、消费渠道、转化效率、消费分析等；复购与裂变涉及优惠激励、购买评价、购买频次、裂变渠道、存量运营等。

三、朝阳区时尚类品牌数字化营销案例

（一）爱慕私域运营模式

爱慕聚焦私域推进零售场景化、数字化、社交化，通过打造直面消费者的AIMER官方App、AIMER官方商城小程序、AIMER积分商城小程序、AIMER CLUB会员俱乐部小程序等各类自有线上渠道，提升消费者体验。在官方App和官方商城小程序上线了“C2M众筹”模块（图10-3），按消费者所需进行设计师限量款的预订开发，众筹成功后推动新品的快反生产，为消费者提供优质专享、高性价比的商品。爱慕积分商城小程序各类营销活动、社群互动、兑换权益、异业合作更加丰富，AIMER CLUB会员俱乐部小程序由爱慕资深顾问、研发人员精心打造实用贴心的美胸穿搭、时尚穿搭、内衣养护等方面的原创内容，由职业教练提供胸部保养、体态塑形、产后舒缓、办公室放松等方面专业优质的体态训练营课程，倾心打造关爱会员、延伸服务的各类权益服务和丰富多元的会员活动，更好地实现客户关怀，有效提升客户忠诚度。通过这些数字化工具，爱慕加强了与消费者之间的直接联系，种草了消费者，提升了消费者品牌黏性和消费信任，分享了社交媒体传播热潮下的红利，并且成功建立了私域流量，获得了用户数据，反哺了产品设计开发流程。

（二）铜牛3D智能服装定制系统

铜牛集团的3D智能服装定制系统，通过3D搭配智能应用和3D智能量体系统，

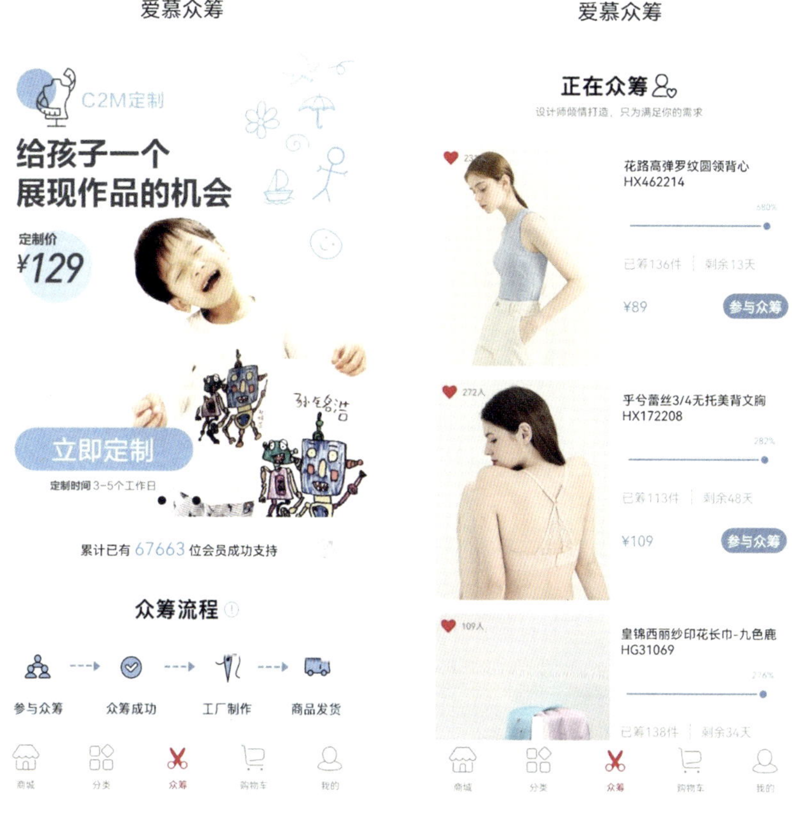

图 10-3　AIMER 官方 App“C2M 众筹”模块

图片来源：AIMER 官方 App。

为消费者提供智能定制服务。消费者可以根据自己的喜好，通过个性化参数的选择，自行搭配服装的款式、面料、花色、部件等一键成衣，所设计服装的效果通过 3D 展示技术得以完美的视觉呈现。同时通过三维智能测量技术对人体数据进行采集分析和体型评价，消费者可以得到最优穿搭建议。消费者在定制服装的过程中，享受了自我设计的乐趣，满足了个性化设计的需求。3D 智能搭配和三维智能测量可以在线下门店、移动互联网手机端以及铜牛车载移动智能定制店铺（图 10–4）等多消费场景，为消费者提供服装的智能定制服务。

（三）“京工 1961”门店可视化云系统

京工集团以云计算为核心打造的可视化云系统，采用公有云部署的方式，实现与用户直接通过现有互联网进行跨地域、多种终端方式的沟通。可视化云系统的试点部署在京工集团缝纫中心和“京工 1961”部分门店。在“京工 1961”社区门店，到店顾客可通过可视化云系统显示屏（图 10–5），直接与缝纫中心工作人员进行云端“面对面”沟通，通过服装尺寸细节现场沟通展示，缝纫中心能够更准确地把握

图 10-4　铜牛车载移动智能定制店铺

图片来源：百度。

图 10-5　“京工 1961”门店可视化云系统

图片来源：北京时尚控股官网。

客户需求及衣服尺寸，更好地为客户提供定制、修衣、改衣服务。

（王婧倩　北京服装学院时尚研究院
李虹林　中咨投资管理有限公司
华珊　中国纺织工业联合会产业经济研究院）

参考文献

[1] 阿里妈妈，阿里研究院，群邑中国 . 品牌营销数智化转型白皮书：后疫情时代的营销再升级 [R]，2020.

[2] 中银证券 . 视频产业深度报告（下）：短视频商业前景广阔，内容营销产业趋向成熟 [R]，2022.

[3] 中金公司 . 数字经济：下个十年 [R]，2020.

[4] 头豹研究院 .2022 年中国短视频营销行业概览 [R]，2022.

[5] 阿里妈妈，天猫新风尚，bilibili. 了不起的新世代：2021 春夏新风尚报告 [R]，2021.

[6] 第一财经商业数据中心，天猫 . 2021 线上新品消费趋势报告 [R]，2021.

[7] 艾瑞咨询 .2022 年中国企业直播行业发展趋势研究报告 [R]，2022.

[8] 华丽智库 . 全球时尚门店数字化创新研究报告 2020[R]，2020.

[9] 艾瑞咨询 . 中国零售私域数智化增长白皮书 [R]，2022.

[10] 爱慕股份有限公司 . 爱慕股份有限公司 2021 年年度报告 [R]，2021.

[11] 段志强 . 数字焕新生 北京时尚控股公司关于“数字时尚”的探索与实践 [J]. 中国服饰，2021（1）：42-43.

[12] 陈文晖，王婧倩 . 数字化赋能时尚产业转型升级研究 [J]. 价格理论与实践 . 2022（3）：38-41.